밀정密偵의 공부

하버드 옌칭도서관 소장

육군 통역 고이즈미 데이조[小泉貞造]

자료를 중심으로

밀정密偵의
공부

ART LAKE

"미국 오셨으니 재미있게 놀다 가세요. 다들 그렇게 해요." 캠브리지의 주택가, 어렵사리 구한 집을 처음 찾았을 때 집주인이 건넨 이 한마디는 오래도록 귓가에 남았다. 많은 이들이 잠시 머물다 지나가는 곳, 그러나 나에게 그곳은 오랜 준비와 마음의 격랑 끝에 도착한 연구의 자리였다. 놀다 갈 수는 없었다. 놓쳐서는 안 될 시간이었기 때문이다.

하버드에서의 1년은 고요하고 단단한 힘을 주는 시기였다. 살아가다 보면 인생이 다른 결을 향해 기울어지는 순간이 있다. 내게는 일본 일한문화교류기금 초청 연구, 그리고 2022년 8월부터 2023년 7월까지의 미국 체류가 그러했다. 하버드대 동아시아문명학과의 초청장 한 장은 그 모든 시간을 이끄는 문을 열어주었다.

출국 반년 전부터 옌칭도서관의 한적 목록을 뒤지고, 엑셀 표 위에 작은 글자를 채워 넣었다. 필사본의 제목, 장서인의 모양, 참고 문헌의 조각들. 그 속에서 어느 날 '하시모토 쇼요시(橋本彰美)'라는 이름이 불쑥 모습을 드러냈다. 구한말 군통역관을 지낸 인물, 한국어를 배우기 위해 밤새 글자를 베껴 적었던 흔적들이 남아 있는 사람이었다.

2022년 9월 6일, 도서관 출입증을 받은 나는 곧장 옌칭도서관 3층 한적실로 향했다. 일주일 이틀만 열리는 그 방은, 사전 신청을 통해서만

책을 받아 손에 올려둘 수 있었다. 사서가 문을 열어주기 전에는 나올 수도 없었다. 그러나 그 엄격함조차 희귀본을 직접 마주하는 기쁨 앞에서는 사라졌다. 그곳에서의 시간은 언제나 짧았고, 설렘은 늘 길었다.

오전에는 자료를 보고, 오후에는 남은 부분을 확인했다. 밤이 되면 노트에 매일의 진행 상황을 기록했고, 참고할 연구서와 논문 목록도 그때그때 덧붙였다. 그 과정에서 '하시모토 쇼요시'와 '고이즈미 데이조(小泉貞造)'가 동일 인물임을 확인했다. 장서인 하나, 수서인 하나가 남긴 미세한 흔적이 한 사람의 행적을 잇는 실마리였다. 메이지 대학을 졸업하고 신분을 숨겨 부산으로 들어와 나주 일대를 오가던 밀정의 모습, 그리고 필사본 속 단어들이 한 사람의 시대적 위치를 말없이 증언하고 있었다.

귀국 후 그 모든 자료를 펼쳐놓고 분석했다. 유일본, 미발표 자료, 논문 한 편으로도 충분한 주제들이 모여 거대한 숲을 이루고 있었다. 그 가운데 우선 한 인물의 공부를 중심으로 실마리를 묶었고, 필사본의 탈초와 주석, 현대역을 더해 나갔다. 그 결과가 밀정의 공부 이다.

고이즈미의 공부는 일본인들이 조선어를 배우던 오래된 흐름과 겹친다. 독학이었으나 그의 방식은 아메노모리 호슈(雨森芳洲)의 한어사(韓語司), 더 멀리 올라가면 조선 사역원(司譯院)의 외국어 교육과 닿아 있다. 통역관의 길을 연구해 온 나에게 일본인 통역관의 세계는 또 다른 숲으로 이어지는 길목이었다. 공부란 마음에 심은 나무가 자라는 일이라고 했다. 그 말처럼, 이번 연구는 내 마음속 숲의 지도를 조금 더 넓혀 주었다.

함께한 사람들의 얼굴도 떠오른다. 1년 동안 도서관을 오가며 서로의 하루를 북돋아준 이민희 교수님, 2023년 2월부터 여섯 달을 함께한 정민 교수님과 박영환 교수님, 공부를 사랑하는 '학도락' 모임의 따뜻한 시간들.

하버드대 동아시아문명학과 박시내 교수님과 김선주 교수님, 옌칭도 서관 선본실의 애나 왕 선생님, 한국관 강미경 관장님, 그리고 어려운 시기에 연구년을 허락해 준 수원여대 총장님과 동료 교수들, 귀국 후 안 정적인 집필 공간을 제공해 준 책가옥, 출판을 맡아준 아트레이크의 김 종필 대표님과 편집자 정윤조 선생님까지. 이 책은 그 이름들 위에서 완 성되었다.

연구란 오래 바라보고 천천히 듣는 일이다. 나는 그 느린 시간의 힘을 믿는다.

2025년 늦은 가을날
정승혜 드림

목차

| 1 | 들어가며

   하버드대 옌칭도서관(燕京圖書館, Harvard Yenching Library)의 한국관에는 구한말[1] 일본군 통역관 고이즈미 데이조[小泉貞造]가 소장하고 필사했던 책들이 다수 전해진다. 그동안 하버드 옌칭도서관 소장 고소설류를 다루면서 많은 연구자들이 '하시모토 쇼요시[橋本彰美]'라는 이름을 가진 필사자에 대하여 언급하였다. 허경진(2001)이 대표적이며, 그밖에도 '하시모토 소슈[橋本蘇洲]', '하시모토 쇼슈(HOLLIS)'[2], '하시모토 아키요시[橋本彰美](박진완)[3]', '하시모토 아키미[橋本彰美]'(정병설), '하시모토 아케요시[橋本彰美]', '하시모토 아케미[橋本彰美]', '하시모토 쇼요비[橋本彰美](HOLLIS)' 등으로 나타난다. 같은 일본인끼리도 적혀진 문자만 보고는 이름을 읽기가 어렵다는 사실을 감안하면 이해가 어려운 일도 아니다. '橋本'는 성(性)이고 '彰美'는 이름이며, '蘇洲'는 호(號)로 보인다.

---

1 일본군 통역관 고이즈미 데이조가 한어(韓語), 즉 조선어를 공부한 시기는 주로 육군 통역관이 되기 전까지의 기간이므로 구한말이라는 용어를 사용하였다.
2 HOLLIS는 하버드 대학의 전자도서관 카탈로그이다.
3 이는 일본에서 간행된 인명사전을 토대로 실존 인물의 인명과 비교·분석한 결과로 나온 것이다(박진완 2021:93 주6) 참고).

허경진(2001:13-32)은 옌칭도서관 소장본 중에서 '橋本彰美之印'라는 장서인(藏書印)이 찍힌 고소설의 필사기를 통해 그의 행적을 추적하였고, 『당경전』, 『쇼대성전』, 『남훈태평가』 등의 문헌에 공통적으로 보이는 장서인 '小泉'은 육군통역관 '하시모토 데이수케[橋本貞造]'의 호(號)라고 보고, 그를 하시모토 쇼요시[橋本彰美]와 혈연관계인 인물로 추정하였다. 한편, 같은 논문(2001:36 각주17)에서 하시모토 쇼요시[橋本彰美]가 육군통역관으로 종군할 때 '貞造'로 이름을 바꾸었을 가능성까지 언급하였으나, 정확한 판단을 내리지 못하였다.

박진완(2021)에서는 옌칭도서관 소장본 『부상일기(扶桑日記)』에 '大正六年(1917)丁未七月二十日謄寫畢 龍山柳塢 小泉貞造'라는 필사기가 있음을 주목하고, 『한어교정(韓語敎程)』의 필사기에 보이는 '橋本蘇洲', 곧 '橋本彰美, 橋本貞造'와 함께, '고이즈미 데이조[小泉貞造]'도 본서의 필사와 관련된 인물이라는 점에 주목했다.

필자는 선행 연구를 참고하고, 장서기, 장서인, 필사기 및 필체 등을 확인하여 그동안 여러 사람의 책으로 분류되었던 책들이 고이즈미 데이조[小泉貞造]라고 하는 일본군 통역관의 소장본으로 묶일 수 있음을 밝혔다. 본서에서는 구한말 일본인들의 한어(韓語, 한국어) 학습 과정에 대해 살펴보고, 고이즈미 데이조의 행적, 그가 필사한 책들을 중심으로 하여, 구한말 일본인이 한국어를 배우는 과정과 일제가 침략을 위하여 어떤 준비를 하고 있었는가를 밝히고자 한다.

|2| 일본군 통역 고이즈미 데이조〔小泉貞造〕

    고이즈미 데이조〔小泉貞造〕는 누구인가. 우리가 익히 들어본 이름이 아니고 구한말 한국에 들어와 살았던 일본인 군통역관 중의 한 사람이다. 『경성시민명감(京城市民名鑑)』(1922:251-252)』에 고이즈미 데이조의 사진과 행적이 보인다. 그는 1880년(메이지〔明治〕 3년) 1월 11일에 태어나 동경의 국민영학회, 메이지 대학 등에서 공부하고, 1893년 8월에 유학생의 신분으로 조선에 왔다. 1903년에 부친의 병환으로 인해 고향으로 돌아갔다가 다음 해인 1904년 2월 러일 전쟁이 일어나자 다시 조선으로 돌아와 군대에 들어가 조선주차군 사령부 부속으로 임명되어, 육군 통역관이 되었다.

同 252쪽

●小泉 貞造 朝鮮軍司令部附 陸軍通譯官

本籍地 福井縣南條郡王子保村塚原
現住所 京城府漢江通十一番地六〇號官舍
君は明治三年一月十一日を以て生る東京の國民英學會明治大學等に學び同二十六年八

月留學生として朝鮮に渡航同三十六年嚴父病患の爲め歸鄕翌三十七年二月日露の風雲急なるや再び渡鮮して從軍し朝鮮駐剳軍司令部附を命せられて陸軍通譯官を拜命し以て今日に及ぶ。

『京城市民名鑑』
(1922) 251쪽

고이즈미 데이조[小泉貞造]의 이력

연도(연령)	주요 행적
1870년 1월 11일	父 橋本善三郎. 福井縣 南條郡 王子保村 塚原 출생 그 후에 小泉家로 입양됨. 父 小泉儀左衛門
1886년 2월(16세)	해군의학교 입학
1888년 2월(18세)	동경국민영학회 수학
1889년-1893년(19세-23세)	메이지[明治] 대학 수학
1893년 8월(23세)	유학생 신분으로 부산 왜관으로 건너옴
1896년 2월(26세)-	조선 각도를 다니면서 실지 견학을 몇 년 하였음-밀정 활동으로 추측 (전라도 남평(南平) 등지)
1903년(33세)	父 小泉儀左衛門의 병으로 일시 귀향
1904년 2월(34세)-	조선주차군 사령부 육군통역관으로 근무 시작 러일전쟁 종군 역대 주차군 사령관인 長谷川好道부터 南次郎까지 14명의 통역관 역임
1912년(42세)	육군통역 고등관 8등
1918년(48세)	파견부대에서 종군. 이때의 공적으로 1920년 훈(勳) 4등 수여 받음. 1921년 현재 경성부 한강통 11번지 60호 관사 거주
1926년(56세)	고등관4등, 정6위. 경성학교조합(舊 경성거류민단) 의 원에 당선. 용산한강통 78번지 2호 관사 거주
1932년 10월(62세) 이후 미상	육군통역관 퇴임. 종5위 훈3등 수여

이밖에 고이즈미 데이조에 대한 기사는 〈조선신문(朝鮮新聞)〉에 1926년부터 1930년까지 10회, 〈매일신보(每日新報)〉에는 1927년에 1회 발견되는데, 그 가운데 〈조선신문〉 1930년 11월 8일자 9면 고이즈

미 데이조의 퇴임 기사가 그에 대한 정보를 가장 상세히 보여준다. 그 일부를 옮겨 본다(필자 번역, 밑줄은 필자, 이하 동일).

"오랜 기간의 군부 생활을 회고하면 정말로 감개무량하지만, 지금은 단지 만년에 선배 동료들에게 감격과 감사만을 표합니다." 그의 태도는 엄숙함 속에서도 자애로운 기운이 넘치고 향기로운 바람이 불어와 휘몰아치는 것 같다.

"永い間の軍部生活を回顧すると誠に感慨無量でありますが、然し今はたゞ晩年を飾らして載いた先輩同僚の皆様に對し感激と感謝のみであります。"と同氏の態度は謹嚴の裡にも慈愛の氣溢れて薰風駘蕩たるものかある。

———

동씨는 후쿠이[福井]현(縣) 미나미데우[南條]군(郡) 오우지호(王子保)무라[村] 츠카하라(塚原, つかはら)에서 태어났으며, 메이지[明治] 3년 1월에 故 하시모토 젠자부로(橋本善三郎)씨의 아들로 태어난 후 고이즈미[小泉] 가문에 들어가 계승자가 되었다. 그는 큰 포부를 품고 자진해서 해군의학교에 입학했다. 국민영(어)학회에서 어학을 배우고 해외로 맹렬히 뛰어나가겠다는 포부를 가지고 어학 교양에 힘썼지만, (그 소망은 이루어지지 않아서) 뜻을 이루기 위해 1893년에 일본 외무성의 여행 면허를 받아 조선에 입국했다. 그는 부산에서 조선인 자녀의 육영 사업에 참여했으며, 다시 한번 한국어의 필요성을 절감하고, 문자 그대로 침식을 잊고 자습으로 노력하여 점점 숙달하게 되자, 계림팔도(조선)를 돌아다니며 각 지역의 상황을 철저히 탐문하고자 하였으나, 우연히 아버지가 병에

걸렸다는 소식을 듣고 고향으로 돌아갔다. 하지만 러일 국교가 점점 악화되어 전쟁으로 이어지자, 그는 조선으로 건너와 육군 통역으로서 군사령부에서 봉사했다. 이후 20여 년 동안 "長谷川好道, 大久保春野, 上田有澤, 安東貞美, 井口省吾, 秋山好吉, 松川敏胤, 宇都宮太郎, 大庭二郎, 菊池愼之助, 鈴木莊六, 森岡守成, 金谷範三, 南次郎"와 같은 14명의 육군 사령관을 모시며 군용이 된 것이 오늘에 이르렀다.

同氏は福井縣 南條郡 王子保村 塚原の産, 明治三年一月を以て故橋本善三郎氏の男に生れ後小泉家に入りて嗣子となつた人である。大志を抱き自ら進んで海軍々醫學校に入りかたは, 國民英語學會に語學を學び, 驥足を海外千里にはせんと志しひたすら, 語學のかん養に努めたが, 宿志達し, 明治二十六年外務省の旅行免狀を受けして入鮮. 釜山で鮮人子弟の育英事業に携はつてるたか, ここに再び鮮語の必要を痛感し, 文字通りの寝食を忘れて, 自習に努め漸く熟達するや, 鷄林八道を跋涉して, 各地の情勢を探大いになすおらんとしたか, 偶々嚴父の病に接して, 歸省しと. 然るに日露の國交は漸次險惡となり, 干戈を交るに至るや, 君は躍起して渡鮮陸軍通譯として, 軍司令部に奉仕し. 爾來二十有數年の間一貫して, 長谷川好道, 大久保春野, 上田有澤, 安東貞美, 井口省吾, 秋山好吉, 松川敏胤, 宇都宮太郎, 大庭二郎, 菊池愼之助, 鈴木莊六, 森岡守成, 金谷範三, 南次郎の十四氏の軍司令官に從つて軍用せられて今日に至つた.

———

이 사이에서 가장 특별하게 언급할 만한 사건은 다이쇼 7년(大正7, 1918년)에 시베리아 출정군을 따라가 남부 우스리-파견대에 속하였으며, 해당 지역에 근거를 둔 불평 많은 조선인들을 회유하는 데 그만의 독특한 재능을 발휘하여 우리 군의 행동에 큰 공적을 남긴 일이다. 또한 재직 중에 지방인으로서 학교 조합의 의원으로 선출되어, 학무 행정에 크게 기여하였다. 이번 퇴관은 지방인들과 군부와의 연결이 끊어진 것에 대한 아쉬움이 있지만, 그는 서재에 숨어 수많은 책과 함께 한가롭게 지내는 것이 가장 위로되는 것으로 여기고 있다. 현재 1남 4녀가 있다.

此間最も特筆すべきは大正七年しべりア出征軍に從ひ南部ウスリー派遣隊に屬 同地に根據を有する不逞鮮人の懷柔に君獨特の才腕を揮ひ我軍の行動に多大の功績を殘したろ事である。又在職中地方人として學校組合議員に舉けられ、學務行政につくせし功績に遑あらず。同氏今回の退官は地方人對軍部との連鎖を切られしの感あり惜しまね者とてはないな、ほ氏は書齋に籠つて萬卷の書をひもどくを何より慰樂とし. 現に一男四女かある。

　이 기사를 통해 고이즈미 데이조의 행적을 단편적으로나마 알 수 있다. 고이즈미는 1870년(메이지 3년) 1월 후쿠이현의 츠카하라에서 하시모토 젠자부로[橋本善三郎]의 아들로 태어났다. 그 후 고이즈미[小泉] 가문의 양자로 들어간다. 아마도 당시 일본 사회의 '무코요시(婿養子) 제도'에 따라 데릴사위로 들어간 것으로 보인다. 일본은 가부장제(家父長制, いえしゅけい) 사회였지만, 일부 가문에서는 아들이 없을 경우에도 가문을 유지해야 했다. 특히 상인, 무사, 농민, 장인 계층에서 가업을 계승할 후계자가 필요했는데, 이때 데릴사위를 들여 가문의 성을 잇게 했다. 에도 시대(1603-1868)와 메이지 초기(1868-1912)에도 흔히 볼 수

있었으며, 개인보다는 가문의 연속성이 중요하게 여겨졌다. 그를 입양한 고이즈미 기자에몬[小泉儀左衛門] 역시 19세기 일본의 에도 시대에 활동했던 직물 상인으로, 고품질의 직물을 취급하여 명성을 얻었다고 한다.

이후 그가 해군의학교[4]에 입학한 것으로 보아 처음에는 군의관이 되고자 하였던 것 같다. 해군의학교는 당시 '해군성소관학교(海軍省所管学校)'로서, 해군에서 군인의 의료와 위생을 담당하는 군의관 및 간호사·약사를 양성하던 교육기관이었다. 1886년에 '해군의학교(海軍醫學校)'로 개칭되었으므로 고이즈미는 1886년 이후에 해군의학교를 다닌 것으로 보인다.

고이즈미는 일종의 진학 예비학교였던 국민영학회(國民英學會)에서도 수학하였다. 국민영학회는 메이지[明治]·다이쇼[大正] 시기에 저명했던 일본의 사숙(私塾)으로, 영어학교(英語学校)이다. 1888년 2월(메이지 21년), 게이오기주쿠[慶應義塾]의 영어 교사 경력을 가지고 영어 잡지를 발행하던 미국인 프레데릭 이스트레이크(Eastlake)와 게이오기주쿠 출신의 영문학자 이소베 이치로[磯辺弥一郎]에 의해 도쿄시 간다구 니

---

4 해군의학교에서는 의학·약학·치학의 3코스를 설정해 해군병원을 총괄 지도할 군의관을 양성하는 보통과·고등과·특수과, 의료 현장에서 활동할 간호사·기사를 양성하는 선수과를 설치했다. 1872년(메이지 5년) 도쿄 쓰키지의 현재 국립암연구센터 중앙병원이 소재한 곳에 있던 해군병원에 '해군병원 학사'를 증설하고, 11명의 의사에게 영국에서 초빙한 앤더슨 의학박사가 의술을 하도록 한 것이 시작이다. 1886년 해군의학교로 개칭되었다. 거의 동시에 같은 도쿄시의 시바야마(현.미나토구 니시신바시)로 이전하였다.

시키마치 산초메(京市神田区錦町3丁目, 현재의 치요다구 간다 니시키마치)에 설립되었다. 그 당시, 게이오기주쿠 사람들이 주력으로 추진하고 있던 것은 의학과 영문학이지, 실용 영어가 아니었다. 이에 부족함을 느낀 이소베가 사무직이 되고, 이스트레이크가 교장이 되어 두 사람 외에 한 명의 교사를 더 고용하여 개교하였다. 처음에는 등록금도 없었고 수업료도 매우 저렴했다고 한다. 야간반도 운영되었다.

국민영학회가 1888년 2월에 설립되었으므로 고이즈미는 1888년 2월 이후에 입학하였을 것이다. 그곳을 졸업하고 고이즈미가 일본의 명문인 메이지[明治] 대학에서 수학했다는 것은 그가 엘리트 교육을 받았음을 보여준다. 시기적으로는 1889년부터 1892년까지 다녔을 것으로 보인다. 대학을 졸업한 후 고이즈미는 1893년(23세)에 일본 외무성의 여행 면허를 받아 조선에 입국했다.

그는 부산에서 조선인 자녀들의 육영 사업에 참여했으며, 한국어의 필요성을 절감하고 공부에 힘써 숙달되자, "조선 각지를 다니며 각 지역의 상황을 철저히 탐문하고자" 하였다. 이 기사를 통해 그가 베낀 고전 소설들의 필사기 등에 남아 있는 내용만을 보고 그가 단순히 요양을 위해 조선 각지를 돌아다닌 것으로 보면 안 된다는 사실을 확인할 수 있다. 그는 조선 각지를 다니며 각 지역의 상황을 정탐하였던 것 같다. 게다가 그가 필사한 책에 적힌 이름은 대부분 공식적인 그의 이름인 고이즈미 데이조[小泉貞造]가 아니라, 입양되기 이전의 성인 하시모토[橋本]를 따르고 있고 이름도 '하시모토 아키요시[橋本彰美]'를 사용하였다. 이는 철저히 자신의 신분을 숨기기 위해서였던 것으로 생각한다. 그가 조선을 정탐하였다는 증거로, 앞에 나온 신문 기사의 인터뷰 내용을 들

수 있다. 뿐만 아니라 그가 편집한 『한문논설(韓文論說)』(1900)에는 당시 한국의 정세를 상세히 알 수 있는 글들이 많이 수록되어 있다. 단순히 유학생이 관심을 가지는 수준을 넘는 내용들이 보인다. 그는 1903년(33세) 부친의 병으로 고향에 돌아가 부친을 봉양하다가 이듬해(1904년, 34세) 러일 전쟁이 일어나자 다시 육군 통역관으로서 조선에 돌아와 군사령부에 입속했다. 정근식(2007)에 의하면 한국어를 학습한 일본인들이 조선의 국가기구로 들어오기 시작한 것은 러일전쟁부터이다. 러일전쟁이 거의 끝나갈 무렵, 일본은 한국에 대한 침략을 본격화하면서 이른바 고문정치를 시작하였다. 이때부터 그는 자신의 정체를 드러내어 '고이즈미 데이조[小泉貞造]'라는 공식명을 사용한다. 이후 20여 년 동안 14명의 육군 사령관을 보좌했으며 1930년(60세)에 퇴임하였다.

제1차 세계대전이 일어난 1918년(48세)에는 일본의 시베리아 파병에 동원되었고, 그 지역의 조선인들을 회유하는 데 공을 세워 1920년에는 훈장까지 받는다. 이는 제1차 세계대전이 끝난 후 스탈린 정부가 조선인들을 일본과 연계된 첩자로 의심하면서 대대적인 숙청과 강제 이주를 감행하게 된 이유를 짐작하게 하는 근거가 될 수 있다. 즉, 19세기 말부터 러시아의 극동 지역에는 조선인들이 이주하여 정착하고 있었고, 1917년 러시아 혁명 이후 소련이 성립되면서 조선인들은 사회주의 체제에 적응하며 일부는 소련 정부에 협력하기도 하였다. 하지만 1937년 스탈린 정부는 조선인 약 17만 명을 카자흐스탄, 우즈베키스탄 등 중앙아시아의 황무지로 강제 이주시켰다. 이 과정에서 열악한 열차 이동과 부실한 정착 환경으로 인해 수천 명이 사망하였다. 이 강제 이주는 소련의 대표적인 민족 탄압 사례 중 하나로 평가된다.

재직 중 경성학교조합(京城學校組合,[5] 舊京城居留民団) 의원에 당선되었고(1926, 56세),[6] 1927년에는 조선공직자대회의 준비위원으로도 활동하였다.[7] 1929년에는 육해군 군인에게 학교조합회의(學校組合會議) 의원선거 자격을 부여하는 시행세칙 개정안을 내고 무관(武官)의 학조권(學組權) 실현 운동을 벌였다.[8]

1920년대 후반, 조선총독부는 지방 교육의 제도화를 위하여 학교조합제도를 정비하고, 이에 따라 각 지역에 학교조합회의(學校組合會議)를 구성하였다. 학교조합회의는 주로 보통학교 설치와 운영을 위한 예산 편성, 정책 수립, 인사 행정 등을 담당하였으며, 일정한 자격을 갖춘 조합원에 의해 구성되었다. 이 제도는 표면상으로는 지방교육의 자율성을 표방하였으나, 실제로는 식민지 교육의 통제를 정당화하는 수단으로 작동하였다. 이러한 학교조합회의의 의원 자격은 애초에 민간인 중심으로 한정되어 있었으며, 조선에 주둔하는 일본 육해군 무관(武官)에게는 선거권 및 피선거권이 주어지지 않았다. 이에 대해 조선 주둔 일본군 내부에서 점차 불만이 제기되기 시작하였다. 특히 1929년을 전후하여, 일부 무관들은 자신들 역시 조선 지역사회의 일원으로서 교육행정에 참여할 정당한 자격이 있으며, 제국의 국방을 책임지는 자로서 교육에도 일정한 권한을 가져야 한다는 주장을 적극적으로 제기하였다.

5　학교 조합은 일본인 교육 사업을 목적으로 하는 공법인으로, 1909년(순종 3)에 통감부령으로 제정되었다.

6　『조선신문(朝鮮新聞)』 1929년 6월 10일자 기사(박진완 2021:243 재인용).

7　『매일신보(每日新報)』 1927년 4월 27일자 기사 참조.

8　『조선신문(朝鮮新聞)』 1929년 3월 14일자 9면 기사 참조.

이러한 주장에 따라 조선총독부 학무국은 1929년, 학교조합회의 규칙을 개정하면서 그 시행세칙에 무관의 선거권 부여를 포함시키는 방안을 검토하였다. 해당 개정안은 학교조합회의 의원 자격을 '지방에 주소를 두고 일정한 세액 이상을 납부한 자'로 규정하던 기존 조항을 확대하여, 조선에 주둔하는 일본 육해군 장교에게도 선거권을 부여하는 내용을 포함하고 있었다. 이는 단순히 자격을 확대하는 것이 아니라 제국 군인의 식민통치 참여 권리를 제도적으로 보장하려는 시도였다는 점에서 중요한 정치적 의미를 지닌다. 무관의 학교조합회의 참여 요구는 개별 군인의 주관적 요구라기보다, 조선 주둔 일본군 내 조직적인 움직임으로 전개되었다. 1929년 상반기, 조선 각지의 사단 단위에서 군인단체 내부 회보를 통해 학조권(學組權) 요구의 정당성을 주장하는 글이 게재되었으며, 군 내부 회의체에서는 '무관 학조참여 건의서'를 총독부에 제출하기 위해 위원회를 구성하고 진정서의 초안을 마련하였다. 이들은 군인도 조선의 지역사회를 구성하는 요소이며, 제국의 '교육과 국방은 동일한 국가 기능'이라는 논리에 입각하여 교육행정에의 참여를 주장하였다.

이러한 군부의 움직임에 대해 조선총독부 총무국은 신중한 태도를 취하였으며, 군인의 정치적 참여가 조선 내 자치제도의 형식적 자율성을 침해할 수 있다는 우려 아래 시행세칙 개정안을 보류하거나 일부 지역에 한해 제한적으로 수용하는 입장을 취하였다. 하지만 이후 1930년대 후반부터 본격화된 전시체제 하에서는 무관이 자치에 참여하고 정부가 교육을 통제하는 현상이 강화되자 보다 노골적으로 진행되었다. 이에 따라 군부의 학교조합회의 참여는 점차 제도적으로 수용되었으며, 식민지 교육 통제의 또 다른 한 축으로 자리잡게 되었다. 고이즈미 데이조는 경성학교조합(京城學校組合)의 의원으로서 육해군 군인에게 학교조합회의 의원선거 자격을 부여하는 시행세칙 개정안을 내고 무관(武官)의 학조권(學組權) 실현 운동을 벌였던 것이다.

표 2 **무관(武官)의 학조권(學組權) 실현 운동**

항목	내용
식민지 통치 전략	일본 제국주의는 교육·자치 영역에도 군의 영향력을 확대하여 총력전 체제의 기반을 구축하려 함.
식민지 조선의 지방교육	일본인 무관이 조선인의 교육정책 결정에 개입함으로써 식민 교육 통제가 더욱 강화
제국 시민권 논리	'군인=제국의 시민'이라는 논리를 조선이라는 식민 공간에서 구현하고자 한 사례
식민통치의 군사화	이는 곧 식민지 행정의 군사화(militarization of administration)를 상징함.

고이즈미 데이조가 과거 일로학교장(日露學校長)으로 추천을 받아 육영사업에도 종사한 적이 있다는 것으로 보아, 그는 육군 통역관이 된 후에 교육자로도 활동하며 군부의 앞잡이로서 민간과 군부의 연결을 주도하였던 것으로 보인다.[9] 그의 퇴임 후 행적은 아쉽게도 찾을 수 없지만, 그가 일본군 사령부 군통역관에 되기까지 한국어를 공부해 가는 가운데 노출되는 그의 관심사를 통해 당시 밀정 활동을 한 일본인의 한 사례를 엿볼 수 있다.

---

9 『조선신문(朝鮮新聞)』 1929년 6월 10일자 기사 참고.

이와 거의 같은 시기인 1893년 일본 공무원 혼마 규스케[本間九介] 역시 조선에 파견되어 전국을 돌면서 이곳저곳을 정탐하였는데 그 내용을 모아 1894년에 신문에 연재하고 다시 한 권의 책으로 묶어서 간행한 책이 있다. 바로『조선잡기(朝鮮雜記)』라는 책이다. 이 책의 내용을 보면 당시 조선의 무능함과 낙후됨, 불결하고 부패한 모습을 적나라하게 묘사하였다. 이 책의 내용은 향후 일본인들에게 조선에 대한 고정된 나쁜 이미지를 심어주었다는 평가를 받는다.

| 3 | 시대적 배경과 구한말 일본인의 한국어 학습

3.1. 시대적 배경

고이즈미 데이조와 같은 일본인들이 조선에 들어와 활동하게 된 시대적 배경을 살펴보자. 20세기 초 조선에 들어온 일본인의 규모는 1905년 을사늑약 이후 급격히 증가했다. 일본의 식민지 정책과 경제적 이권 장악이 본격화되면서 일본인들이 대거 조선으로 이주한 것이다. 1900년경 약 1만 명이던 것이 1905년 을사늑약 체결 후에는 약 5만 명, 1910년 한일병합 직전에는 약 17만 명으로 늘어났다. 즉, 한일병합 전까지 약 17만 명이 조선에 거주했고, 이후 식민지 통치가 강화되면서 급속히 증가했다.

일본인들은 다양한 분야에서 활동하며 조선의 정치·경제·사회 전반에 영향을 끼쳤다. 우선 정치 및 행정 분야에서는 1905년 을사늑약 체결 후, 조선의 외교권을 박탈하면서 일본인 관료들이 조선의 행정에 개입한다. 1906년 통감부 설치(초대 통감: 이토 히로부미) 후에는 일본인 관리들이 주요 관직을 장악하게 되고, 1910년 한일병합 후 조선총독부를 설치하여 일본인 총독과 관료들이 직접 통치한다.

경제 분야에서는 1908년 동양척식주식회사[10]를 설립하여 조선의 토지를 대규모로 매입한 후 일본인들에게 분배하였고, 일본 정부와 민간기업이 철도, 전기, 통신 등의 기간산업을 장악하였다. 일본인들이 조선 농민들의 토지를 헐값에 매입하거나 강제로 빼앗는 사례도 늘어났다. 1910년대 이후에는 일본인 자본가들이 조선에서 금융업, 공업(면직물, 제분, 제당업) 등을 독점하였다. 1905년 이후, 일본 상인들이 대거 유입되며 조선의 상권을 잠식하였고, 인천, 부산, 원산, 목포 등 항구 도시를 중심으로 일본인 거류지가 형성되었다. 일본 상인들은 일본 상품을 조선에 대량 유입시켜 조선의 전통 경제(한상업)를 붕괴시켰다.

일본인들은 조선 내 학교를 설립하여 일본어 교육을 강요(특히 한일병합 후 조선총독부 주도)하였다. 1909년 경성(서울)과 주요 도시에서 일본인 거주 지역 형성하여 치외법권적 생활을 영위하였다. 일본인 기생관, 유곽 등이 등장하면서 조선 사회에 새로운 유흥문화가 퍼지기도 하였다.

1904-1905년 러일전쟁 중에는 일본군이 조선에 주둔하면서 조선의 전략적 요충지를 장악하였다. 1907년 고종 강제 퇴위 이후 대한제국 군

---

10 동양척식주식회사는 1908년 일본이 한국에 설립한 국책회사이다. 농업 경영과 이민 사업 등 식민지 경영을 목적으로 설립되었다. 1917년 「동양척식주식회사법」 개정 이후 사업 범위를 만주 및 해외로 확장하였고, 장기 자금을 공급하는 개발 금융기관으로 그 성격이 변화되었다. 1930년대 이후부터 식민지 군수 공업화에 편승하여 대출 업무 이외에 관계 회사 설립 및 출자 등에 적극적으로 참여함으로써 지주회사(持株會社)의 성격을 강화해 나갔다. 1908년 창립 당시 가장 중요한 사업 목표는 조선으로의 일본인 이민이었다. 이를 통해 일본 내의 인구, 식량, 사회 문제를 해결함과 동시에 식민 지배 체제를 보다 견고하게 구축하고자 하였던 것이다. 동척은 1910년 이주 규칙을 제정하고 1911-1927년간 17차례에 걸쳐 계획을 실행하였다.

대를 해산시켰고, 이후 일본군과 경찰이 치안 유지 명목으로 조선 내 군사 활동을 확대하였다. 1910년 이후 일본 헌병경찰제가 도입되면서 일본 헌병들의 조선인 감시·탄압이 강화되었다.

따라서 20세기 초 조선에 유입된 일본인들은 단순한 거류민이 아니라 조선의 정치·경제·사회 구조를 장악하고 식민지화를 가속한 핵심 세력이었다. 초기(1900-1910)에는 일본 상인, 기업가, 관료, 군인 등이 주로 유입되었고, 1910년 이후 조선총독부의 정책에 따라 대규모 일본인 이민이 본격적으로 이루어졌다. 결과적으로 일본인들은 조선 내에서 토지·경제적 이권을 독점하고, 행정과 군사적으로 지배하면서 식민 지배 체제를 확립하는 역할을 했다. 고이즈미 데이조는 이 시기에 조선에 들어와 활동하면서 일제의 한일병합을 도운 인물들 중 하나였을 것이다.

3.2. 일본의 한어(韓語) 학습의 역사

한어사(韓語司, 1727-1872)

일본인에 대한 공식적인 한어(韓語)[11] 교육의 역사는 1727년 아메노모리 호슈[雨森芳洲]가 제안하여 대마번(對馬藩)에서 세운 최초의 공립

———
11 여기서 한국어를 한어(韓語)라는 용어로 사용한 것은 당시에 사용된 명칭을 따르고자 한 것이다.

한어 교육기관인 〈한어사(韓語司)〉로부터 시작된다. 이 〈한어사〉는 주로 대마도에서 통역을 담당하던 통사(通事)를 양성하였으며, 이곳을 통한 대마번에서의 한어 통사 양성은 그 후 메이지[明治] 시대 초까지 계승되었다. 메이지 정부가 대조선 외교를 직접 장악하게 되면서 그때까지 대마번이 주관해 온 한어 통사 양성은 일본 외무성(外務省) 관할로 들어가게 된다.

임진왜란 후 조선과 일본이 새로이 통교를 시작한 이래, 대마도는 조선과 일본을 소통하는 유일한 공식 창구로서의 역할을 하였다. 뿐만 아니라 근대에 있어서 일본에서의 조선어 학습은 대마도에서 주로 이루어졌다. 17세기 초 당시 일본은 조선과의 국교를 회복시켰으나 조선과의 외교 관계를 전담하는 기구를 두지 않고, 그 일을 대마도의 도주(島主)인 소[宗]씨에게 일임하였다. 그 이유는 대마도가 지리적으로도 일본과 조선의 중간에 위치하고 있을 뿐만 아니라 소씨가 오랫동안 양국의 교린 관계를 전담하던 중개자였기 때문이다. 따라서 당시의 일본에서는 한국과의 교류가 대마도 이외의 장소에서는 거의 이루어지지 않았고, 대마도 이외의 장소에서 조선어를 배우려면 이곳으로부터 교재를 얻어다가 베껴서 공부해야 하는 실정이었다. 일본에서의 본격적인 한어 교육은 18세기 초 대마번 이즈하라[嚴原]의 통사양성소(通詞養成所)로 거슬러 올라간다. 역사적·지리적 관계 등의 이유로 대마번은 조선어를 이해하는 사람도 많고 학습자의 층도 두터웠던 것 같다. 통신사의 방일 시 보통 50명 내외의 사람을 통역으로 동원하였다 하며,[12] 대마도에

------

12 大曲美太郎(1936)은 조경남(趙慶男)의 『난중잡기』 등의 기술에 근거하여 대다수

서의 통사 양성은 세습적인 '육십인(六十人)' 상인(商人)의 가정을 중심으로 이루어진, 부모로부터 자식으로의 어학교육이 기반이었다. 즉 상인가(商人家)에서 태어나 부모와 친척들로부터 한국어의 기초를 배우고, 이후 부모와 동행해 부산 왜관(倭館)에서 현지교육을 받도록 하였는데, 마치부교[町奉行]로부터 일종의 신분보증서인 계고찰(稽古札)[13]을 받아 건너갔다. 대마도에서는 통역관 육성을 상인의 가계에 의존하고 있었던 것이다.(田代和生, 1991:60~64 ; 梅田博之, 2003:50 참조)

일본에 있어서 한어 학습의 선구적인 존재는 아메노모리 호슈[雨森芳洲, 1668~1755]이다. 그는 에도[江戶] 시대의 유학자이자 대마도에 파견된 외교관으로서 당시로서는 보기 드물게 국제적인 감각을 지닌 사람이었다.[14] 22살 때 대마번의 번유(藩儒)로 초청을 받아 26세부터 중국어를 배우기 시작하고 35세 때 대 조선외교에 종사하면서 다음 해로부터 2년간에 걸쳐 조선에서 유학했다.[15] 아메노모리 호슈는 늦은 나이

의 대마도인이 한국어를 알고 있었다고 한다. 뿐만 아니라 홍경해가 쓴 『해사일기(海槎日記)』에도 조선통신사가 방일할 때마다 대마번에서 전어관(傳語官, 조선어통사)이 50명이나 수행하였다는 기록이 있다,

13 계고찰(稽古札)란 유학 허가 및 도항증을 말한다.

14 그는 처음에 의학을 공부하였으나 18세 되던 해에 당시 일본의 중심부인 에도로 가서 대유(大儒)인 기노시타 준안[木下順庵]의 문하가 되어 학문을 닦았다. 그 결과 아라히 하쿠세키[新井白石], 무로큐오소[室鳩巢] 등과 더불어 木門의 다섯 선생으로 불렸으며 스승에게서는 '후진의 領袖'라고 일컬어졌다.

15 아메노모리호슈는 1702년 2월 대마번주 소요시사다[宗義眞]의 퇴휴(退休)를 고하는 고체참판사(告遞參判使)의 도선주(都船主), 곧 사절단의 단장으로 처음으로 조선에 건너가게 된다. 이어 당시 부산에 있던 초량왜관에 부임하고 다음해 9월부터는 왜관에서 본격적인 조선어 학습과 연구에 몰두하게 된다. 그 사이에 조선어 학습서인 『교린

(36세)에 외국어를 배우면서 '목숨을 5년 줄인다는 각오'로 공부했다고 한다. 그는 대 조선무역의 번영기였던 1689년부터 대마번의 유학자로 종사하면서 초량왜관에서의 조선어 학습 교재 편찬, 대조선 외교·교류의 체험을 쌓아 1720년에는 통역양성 계획서인 한학생원임용장(韓學生員任用帳)」을 제출하였다. 이를 바탕으로 1727년에 대마도 이즈하라[嚴原]의 '오시샤야[御使者屋]'[16]에 통사양성소라고 할 수 있는 〈한어사(韓語司)〉를 개설하였다. 한학생원임용장」에서 그는 조선통신사와 동행하여 에도[江戶]를 왕복할 때 함께 간 일본측 조선어 통사의 소양과 실력을 직접 견문한 바, 회화는 잘해도 한글을 읽고 쓸 수 있는 통사가 임시 고용한 통사 3명에 불과했다는 사실에 놀랐다고 한다. 또한 『매일기(每日記)』에서 대마번의 조선관계부서인 '조선방(朝鮮方)'에 근무하면서 조선에서 보낸 서간에 한글이 아닌 가타카나 표기의 조선어가 기술되고 있었다고 적고 있다. 중요한 사항을 물을 때는 조일 양국 관계자 사이에 한자에 의한 필담, 문서의 교환이 가능하다고 해도, 조선어 통사의 대부분이 문자를 알지 못했다. 그들은 동아시아 세계의 기본적 지식에 무지한 채로 당시 조일간의 밀무역 사건[17]이나 여자금제의 왜관에 있어서

수지(交隣須知)』를 편찬하고 37세가 되던 해 11월에 다시 대마도로 돌아갔다.

16 오시샤야[御使者屋]는 직역하면 '사신을 위한 집', 또는 사신 접대소라는 의미이다. 이 건물은 원래 조선통신사가 일본을 방문할 때, 대마도에서 잠시 머물던 숙소 또는 접대 시설이었다. 에도 시대, 조선 사신단은 이즈하라에 도착한 뒤 '御使者屋'에 머무르며 환대를 받고 나가사키·오사카·에도로 이동하였다.

17 18세기 조선과 일본은 공식적으로 부산 왜관을 통한 제한적 무역만을 허용했지만, 실제로는 쌀, 인삼, 은 등 고부가가치 품목을 중심으로 양측 상인 간 밀무역이 성행하였다. 조선 정부는 이를 엄격히 금지하고 단속했으며, 적발 시 조선 상인은 형벌, 일본인

의 교간사건[18] 등 많은 문제가 발생하였던 조선과 일본간에 외교 교섭을 한다는 것은 비정상적이라고 느꼈던 것이다. 또한 아메노모리 호슈는 통역의 중요성을 말하면서 "신분은 높지 않지만 역할은 중요하다고 생각한다"라고 하여 통역하는 사람의 신분이 일본에서는 상인 출신이었던 데에 비해 조선에서는 과거에 합격한 역관의 신분이라는 제도상의 큰 차이에 대해서도 인식을 하고 있었던 것으로 보인다. 국정은 눈앞의 이익만이 아니라 수십 년 후의 동향까지 잘 생각하여야 하는 것이므로 통역직에 종사하는 사람은 언어는 말할 것도 없고 어릴 때부터 학문에 집중해 사물의 이치를 분별할 수 있도록 양성하여야 한다고 주장하였다.

20대의 나이에 번(藩)의 지원으로 나가사키[長崎]에서 공부할 기회를 가졌던 아메노모리 호슈는 실제로 숙달된 중국어 교수법뿐만 아니라 그곳에서 전개되고 있던 네덜란드어 교수법도 견문하였다. 또 부산 왜

은 추방 조치하였다. 1764년과 1770년대에는 대마도 측 개입 정황까지 포착되어 외교적 항의가 이루어졌다. 그러나 상업적 이익과 지역 경제 확대에 따라 밀무역은 계속되었고, 이는 조선 후기 상업 구조의 변화를 보여주는 사례이다.

18　조선 후기 부산 왜관에서는 일본인 남성과 조선 여성 간의 교간(交奸) 사건이 반복적으로 발생하였다. 이는 왜관의 남성 중심 구조와 조선 여성의 경제적 취약성이 맞물린 결과로, 조선 정부는 이를 외교적 위신과 성 윤리 질서의 문제로 간주하여 강력히 대응하였다.『변례집요』에 따르면, 왜관 밖에서의 강간은 참형, 화간은 유배형, 여성의 자발적 침입은 차등 처벌 등 유형별로 구분하여 규정하였다. 지방에서는 동래부가 현장 단속과 보고를 담당하고, 중앙에서는 전객사가 법 해석과 대외 문서 대응을 맡았다. 조선은 일본인 범죄자에 대해 송환과 대마도 측 문책을 요구했으며, 여성에 대해서는 자발성 여부에 따라 처벌 수위를 달리하였다. 이 사건들은 조선의 접경 통제와 여성 통제, 그리고 유교적 질서 유지의 교차 지점을 보여주는 중요한 사례라 할 수 있다.

관에서 친해진 조선의 역관, 예를 들어 현덕윤(玄德潤, 1676~1737)등과의 친한 교우관계를 통하여 조선에서 이루어진 외국어 교육(한어, 몽골어, 만주어, 왜어)의 실태를 알게 되는 기회도 있었을 것이다. 그러한 풍부한 지식과 혜안을 가진 아메노모리 호슈가 젊은이를 대상으로 체계적인 교육 시스템을 갖춘 번립 조선어 학습 학교인 〈한어사〉의 설립을 번주와 중신들에게 건의하였지만, 대마번에서는 계속 미루다가 1727년 9월 1일에야 조선어학교 개교를 단행하였다.[19]

엄격한 신분사회였던 에도시대에 무사(武士)가 한어 통사를 담당할리는 없었다. 게다가 언어를 자유자재로 구사할 수 있고, 조선 무역을 독점할 수 있다는 이점이 있어서인지 '육십인' 상인단의 요청으로 제1기생은 그들의 자제 39명(9세에서 17세)에게만 한어사의 입학이 허용되었다. 한어사에 처음으로 부임한 교사는 탁월한 언어 능력과 사명감을 높게 평가받은 20세의 니이 분키치[仁位文吉]이있는데, 아메노모리 호슈의 추천으로 취임하였다. 학교의 운영 경비는 조선 각지에 표착한 일본인에게 지불되는 '협승미(脇乘米)'를 끌어들여 충당했다. 본래는 그 쌀을 철포(鐵砲)의 연습 비용에 충당한 것이었지만, 병기의 연습이 불필

---

19 대마번의 중진들도 그 취지에는 원칙적으로 찬성했겠지만 너무나 이상적인 계획으로 비춰진 것 같다. 아메노모리 호슈와 같은 대가가 교사를 한다고 해도 한어를 수련하기에 충분한 높은 학력의 학생이 입학할 리도 없어서, 현실성이 없어 보였던 것이다. 게다가 조선무역의 부진으로 인한 대마도의 만성적인 재정난, 막부로부터의 자금 원조를 기대할 수 없기 때문이기도 했을 것이다. 또한 1719년과 1721년 두 번 있었던 이즈하라의 대화재로 온 마을이 타 버린 타격을 받고 있어서 번(藩)에 재정적 여유가 없었던 사정도 가세했을 것이다.

요해져 평화용으로 전환한 것이다. 즉 본래는 조선과의 교전을 예측한 유사시의 모의 전투 훈련에 사용하고 있었던 것인데, 그때부터는 국제 협력을 위한 통사 양서 경비에 충당하게 된 것이다.

한어사의 학생들의 등교 시간은 오전 8시이고 시간표는 다음과 같다.(「草梁語學所規則並等級人名書」, 『朝鮮事務書』所收)

표3 **한어사의 학습 시간표**

구분	학습 내용	시간
복독(復讀)	전날의 복습과 회화	오전 9시-10시
편문(編文)	강독, 작문 시간	오전 10시-11시
회화(會話)	회화 시간	오전 11시-12시
휴식	12시 이후 30분간 휴식	
신습(新習)	새로운 단원의 학습 내용	12시 30분-오후 3시

이에 따르면, 오전은 '복독 – 편문 – 회화'의 세 코스로 끝내고 30분 휴식 시간 후에 오후에 '신습'으로 이어진다. 이런 형식으로 하루의 스케줄은 5시간 30분으로 구성되었고, 이런 맹훈련은 매일 3년간 계속된다.

표 4 한어사의 학습 방법과 내용

	교수자	학습 방법 및 내용
초급 **(입문기)**	일본인 — 발음이 좋고, 한글을 읽고 쓸 수 있는 일본인이 최적	**1. Communication을 위한 준비 단계** ① 문법의 정확성 ② 발음의 정확성 ③ 기본 어휘의 습득 ④ 주요 문형 연습의 반복 ⑤ 문자의 습득 ⑥ Drill(반복 학습)을 도입한 학습 내용의 정착 — 대략 처음 1개월 사이에는 매일 표현 문형, 구조 문형을 반복 연습하는 방법(드릴)을 사용하다가 차츰 대입 연습 등으로 확대하는 방식 — 학습 분량은 조선어 1구 또는 2구, 독서 20-30자, 혹은 40-50자 정도
중급	일본인 또는 모어 화자	**2. Communication 능력의 발전** ① 풍부한 표현 능력 ② 풍부한 어휘력 ③ 조선 무역이나 조선통신사 방일 시, 또는 외교 교섭 등의 장면이나 상황에 적절한 언어 사용 능력 ④ 전문 용어의 습득 ⑤ 문화적 배경의 이해

아메노모리 호슈의 교육 방침에 따르면, 모어 화자가 지도하는 시기에는 신중함을 필요로 하며, 특히 입문기(첫걸음)에 있어, 모어 화자의 지도가 일찍 이루어지면 '말하기, 듣기' 능력의 양성에는 도움이 되지만, 4가지 기능 중 나머지인 '읽기, 쓰기' 능력의 발달에는 적절하지 않다고 한다. 따라서 '한글을 정확하게 읽고 이해하는' 것을 목표로 할 때, 수업은 초급과 중급 단계에서 위의 표와 같은 형식으로 구성하였다. 그리고 그 자신이 선정한 목적별 교재가 있었는데, 다음과 같다.

표 5 한어사에서 사용된 교재

한어 학습의 목적	교재
조선한자음 연습	『유합(類合)』,『십팔사략(十八史略)』등
한어 교육의 단계별 교재	『교린수지(交隣須知)』및『물명책(物名冊)』,『한어촬요(韓語撮要)』,『숙향전(淑香傳)』등의 소설
한학(漢學)	사서(四書),『소학(小學)』,『고문(古文)』,『삼체시(三體詩)』등

아메노모리 호슈가 「조선사계고어면장(朝鮮詞稽古御免帳)」(국사편찬위원회 소장)에서 제시한 한어 학습의 방법을 정리하면 다음과 같이 요약된다.(梅田博之, 2003)[20]

(1) 『유합(類合)』,『십팔사략(十八史略)』의 조선어음 강독을 매일 사카노시타[坂ノ下, 坂下][21]에 가서 모어 화자에게 배운다.

---

20 『雨森芳洲外交關係資料集』의 韓學生員任用帳」(아메노모리 호슈에 의하여 1720년에 작성)에도 "御町奉行より教訓官へ被申渡候書付之趣"조에 '別紙之書付'가 있고 다음과 같은 기사가 있다.(정광, 1996:719~720. 참조)

　一. 生員十人之者共, 朝鮮音を以, 類合·十八史略習覺候樣被仰付候間, 各被召連, 每日無懈怠坂下へ參候樣ニ被致候事.

　一. 物名冊·韓語撮要·淑香傳, 此三部段段ニ指南可被致候. 若輩者自身ニ覺書も不罷成者へヽ,銘銘帳面をとちさせ置, 每日被教候所を書付, 可被相渡候, 尤各義兼而朝鮮人へ右之書物得と被讀習,淸濁高低少の違無之樣ニ指南可被致事.

　一. 各朝鮮在勤之內ハ, 每月拾宛刃, 月切被仰付候事.

21 坂下는 왜관의 출입구가 있는 곳으로 조선측의 역관이 근무하고 있던 장소라고 한다.

(2) 『소학(小學)』, 사서(四書), 『고문(古文)』, 『삼체시(三體詩)』[22]를 동향사(東向寺)[23]의 일본인 승려 밑에서 순서에 따라 배운다.

(3) 『물명책(物名冊)』,[24] 『한어촬요(韓語撮要)』, 『숙향전(淑香傳)』[25]의 세 단계로 이루어지는 강독을 한다. 이는 미리 일본인 교원이 조선어 화자 밑에서 청탁고저(淸濁高低, 한국어의 평음, 경음, 격음)를 확실히 익혀서 지도한다.

(4) 매월 3일, 8일에 네 사람 중 한 사람이 출제자가 되어 주제를 제시하고, 나머지 세 사람이 조선어로 토론한다.

(5) 토론이 끝나면 그것을 한글로 적어 아메노모리 호슈에게 보낸다. 각각 그 내용들을 책으로 철할 수 있도록 서류를 보낸다.

아메노모리 호슈가 제안한 한어 학습은 조선 사역원의 학습 방법을 모델로 한 것으로 보인다. 우선 『유합』과 『십팔사략』을 읽어 조선어음을 익히고, '『물명책』-『한어촬요』-『숙향전』'의 세 단계에 걸친 수준별 어휘 학습, 강독을 하는 것이었다. 즉, 그가 제시한 학습법은 '12, 3세로

---

22 『三體詩』는 당시(唐詩) 선집(選集)으로 송나라 주필(周弼)이 엮은 것이며 칠언절구·칠언율시·오언율시의 3체시 494수를 수록하였다. 수록된 시인 167명의 대다수가 중만당(中晚唐) 시인인 점이 특색이다. 1250년에 완성하였다. 입문서의 성격이 강하다.

23 동향사는 대마도에서 온 일본인 승려가 사는 왜관 내의 사찰이다.

24 정광(1996)에서는 이 『물명[冊]』이라는 자료는 『교린수지』를 강독 교재로 하여 조선어를 학습하던 대마도의 조선통사가 학습에 필요한 조선어 어휘를 교재에서 발췌하여 정리한 일종의 단어장으로 보았다.

25 조선 후기 작자 미상의 고대소설. 『이화정기(梨花亭記)』라고도 한다. 방각본·필사본·활자본으로 간행되었으며 널리 알려진 작품이다.

부터 14, 5세까지'라는 언어형성기를 고려한 학습자의 연령제한의 규정에 따르는 것이었는데 습자(習字), 음운(音韻), 어휘(語彙), 강독(講讀) 등을 체계적으로 공부할 수 있도록 배려한 것이었다.

그런데 학습 과정 중 가장 흥미롭게 살펴볼 것은 시험제도이다. 시험의 첫 번째는 '목표 도달도 체크'이고, 두 번째는 '선별을 위한 능력 측정'이다. '목표 도달도 체크'란 '각 코스의 목표치를 어느 정도 각 학생이 달성하고 있는가'를 판단해, 교수자가 학습자를 지도하는 활동이다. 이것을 '한어사' 제1기생에 적용한 것을 살펴보면 다음과 같다.(조진경 외, 2004:158)

(1) 학급 구성 연령의 불균형(9세-17세)에 의한 폐해는 없는가.

(2) 테라코야[寺子屋][26]에서의 가나[假名], 한자이수자와 비이수자와의 사이에 한어학습 진도의 차이는 생기지 않는가.

(3) 학생(稽古生) 상호 교류에 의해 학급 전체가 일치된 학습 목표 달성의 방향으로 가고 있는가.

---

26 「寺子屋(てらこや)」는 근세 일본에서 서민 자녀들을 대상으로 한 민간 초등 교육 기관으로, 에도 시대부터 메이지기 초까지 널리 존재하였다. 본래 절에서 승려가 아이들을 가르친 데서 유래하였으며, 이후 상인, 무사, 서예가 등 일반 지식인들이 운영하는 형태로 확산되었다. 교육 대상은 주로 도시 하층민, 농민, 상인의 자녀였으며, 교육 내용은 읽기, 쓰기, 산술, 윤리 등 실용적 기초 교육에 중점을 두었다. 이러한 테라코야는 높은 문해율을 이끄는 데 기여했으며, 일본 사회 전반에 기초적 교육 문화를 정착시키는 기반이 되었다. 1872년 메이지 정부가 근대적 학교 제도인 소학교 체계를 도입하면서 대부분의 테라코야는 흡수되거나 폐지되었지만, 그 교육적 기능과 역사적 의의는 오늘날까지도 높이 평가되고 있다.

(4) 교사에 대한 신뢰감이 학생 사이에 이루어지고 있는가.

(5) 학급 전체에 교사의 지도력이 발휘되었는가.

(6) 3년간의 장기 교육과정이 순조롭게 진행되었는가. 저해 요소는 무 엇인가.

(7) 교육과정은 적절했나.

(8) 교수법과 교재 등에 부적절한 것이 없었나.

한편, '선별을 위한 평가'는 부산 왜관에서의 현지연수생 파견에 있어서 성적 우수자를 선발하고, 능력 있는 학습자 집단을 만들어 내는 데 목적이 있었다.

제1기생 39명 중에서 부산왜관에 파견하여 현지에서 어학연수를 하게 될 5-6명을 압축하는 데 주목적을 두고, 스승이 연습생을 평가하고 그것을 총감독인 아메노모리 호슈가 확인하는 방식으로 평가한다. 평가를 위한 시험은 월 1회 공개적으로 이루어졌는데, 번의 지시에 의하여 시험일에 시험을 실시하여 그 점수를 성적표에 적은 후, 시험 본 사람에게 확인 도장을 찍게 하였다. 그 후 총감독격인 아메노모리 호슈에게 성적표를 보내 검인을 받았다. 그 이유는 매달 선생님인 니이분키치[仁位文吉]의 지도 능력과 지도 내용을 체크하기 위해서였다.

위의 내용은 1732년에 제안한 「사계고지자사립기록(詞稽古之者仕立記錄)」에 그간의 상황 변화를 반영한 여러 가지 통사 양성 방안이 제시되어 있다.

(1) '육십인(六十人)'의 자제 중 유능한 자를 조선어 통역의 학생[稽古

生]으로 선발한다.

(2) 연령은 12,3세-14,5세까지로 한다.(실제 기록에서는 9세부터 17세까지 39명이 수강하고 있다)

(3) 대마도에서 만 3년간 조선어를 배우게 한다.

(4) 그 중 직무를 맡을 만하고 지원하는 사람을 계고통사(稽古通詞, 통역견습)로 조선에 보낸다.

(5) 매월 1일을 시험일[考日]로 하고 교수 외에 대통사·본통사도 입회하여 두 사람씩 성적표[通粗帳]에 도장을 찍어 아메노모리 호슈에게 제출한다.

(6) 교육 요원은 한학교수(韓學教授) 1명, 제조(提調) 1명, 부제조(副提調) 1명으로 한다.

(7) 한학사(韓學司, 교실)는 사찰, 암자 등을 빌려 사용한다.

한 번 결석하면 10점씩 감점했고, '몸이 불편한 사람'에 한하여 감점하지 않았다. 시험의 경우, 어떠한 사정이 있어도 시험을 보지 않으면 무조건 30점을 감점하도록 되어 있었다. 현재의 '재시험'이나 '추가시험' 제도 등에 해당하는 것은 없고, 어디까지나 1회 한정해 시험이 이루어졌다.

아메노모리 호슈는 한어 학습을 위한 조선으로의 유학 방법에 대해서도 제시하였는데, 유학은 학생[生員] 10명과 감독관[世話人], 교원[教訓官] 각 3명이 취사 담당[炊丁] 2명과 잡역부[小廝] 1명이 1명씩 교대로 하여 같이 조선에서 근무하는 구성이다. 학생의 자격은 '육십인자제' 중에서 특히 선천적으로 우수한 13세에서 15세까지의 10명을 선발하였고, 조선에서 교육을 받는 동안 23세까지 단발을 하도록 하는 등, 언어형성기를 지나지 않은 어린이를 대상으로 하였다. 동행한 감독관은 10명의 부모 또는 백부(伯父)로 인품 좋은 사람을 임명해 돌보도록 하였으며, 입문단계에서의 문자, 발음 교육을 위하여 일본인 교원을 동행하게 하였다.

이러한 대마번에서의 통사 양성은 그 후 메이지[明治]시대 초까지 계승되었다. 메이지 정부가 대 조선 외교를 직접 장악하게 되면서 그때까지 대마번이 주관해 온 조선 통사 양성은 일본 외무성 관할하로 들어가게 된다.[27]

한어학소(韓語學所, 1872-1873, 대마도)—초량관어학소(草梁館語學所, 1873-1880, 부산)

1872년 10월 일본 외무성이 대마번 이즈하라[嚴原]의 동본원사파(東本願寺派)·광청사(光淸寺)에 '한어학소(韓語學所)'를 설치하였는데,[28] 이

---

27 명치유신 정부에 의한 외교 창구의 단일화로 대마번의 '家役'(朝日外交의 專從)도 철수하게 된다.(松原孝俊·趙眞璟(1997), 嚴原語學書と釜山草梁語學所の沿革をめぐって―明治初期の朝鮮語教育を中心として―」, 〈言語文化論究〉8, 九州大學言語文化部, p.8.)

28 성윤아(2012;68)에서는 "1727년부터 1892년까지 일본과 한국의 통사 양성을 해왔던 사가현 쓰시마번(佐賀県対馬藩)에 소속되어 있던 '한어사(韓語司)'는 1892년에 '폐번치현(廃藩置県)'이 단행되자 이듬해인 1893년에는 이즈하라(厳原)에 '한어학소(韓語学所)'가 새롭게 설치된다."라고 하였는데, '폐번치현'은 1871년이고, '한어학소'는 1872년에 설치되었다. 따라서 한어사는 1727년에 설치되어 1872년에 폐지되었다.

것이 메이지 정부가 설치한 최초의 한어 교육기관이었다. 이 이즈하라의 '한어학소'는 1873년 10월에 부산에 있던 초량공관 내의 첨관옥(僉官屋, 大谷派·東本願寺)으로 이전하여 외무성(外務省) '초량관어학소(草梁館語學所)'로 개칭되었다.[29]

초량관어학소는 구(舊) 막부(幕府) 체제에서 4개의 대외통로였던 나가사키[長崎], 사스마[薩摩], 마츠마에[松前], 쓰시마[對馬]를 폐쇄하고 새로운 외교 루트를 만들어가는 중대한 정책 전환을 의미한다.[30] 부산의 '초량관어학소'는 1880년 일본 도쿄[東京]의 외국어학교에 조선어학과가 설치되면서 폐지된다.

초량관어학소에는 쓰시마 지역의 고위층 자제 34명이 입소해서 1년 동안 배우고 졸업하였는데, 이 가운데 10명은 조선어를 더 잘하기 위해 부산 초량 왜관으로 유학을 온 사람들이다. 초량관어학소는 일종의 조선 분교였는데, 1895년(고종 32) 명성 황후(明成皇后) 시해사건 때에 투입된 자객 가운데 2명이 이 초량관어학소 출신이었다. 1873년에 설립된 관립 동경외국어학교[현 동경외국어대학]에 1880년(고종 17) 조선어학과가 설치됨에 따라 초량관어학소는 폐지되었고, 초량관어학소의 교수와 학생은 신설된 동경외국어학교 조선어과에 합류하게 되었다.

---

29 大曲美太郎(1935. 3), 釜山における日本の朝鮮語學所と『交隣須知』の刊行」, 〈ドルメン〉4-3, p.31.
30 이 어학소의 규정은 1877년 1월 더 엄격하게 개정되었으며, 이로써 대마번 중심의 전통적 조선어 교육이 사실상 막을 내리고 전문적 직업인으로서의 외교관이 탄생하여 활약하는 시기가 도래하였다.

한어학사(韓語學舍, 1878-1889, 부산)

1876년 강화도조약 체결 후 가족을 이끌고 조선으로 건너오는 일본인들의 수가 점차 증가하자, 일본 외무성은 일본인들의 현지 적응을 위한 한어 교육을 위해, 당시 포교 활동을 하고 있었던 일본 불교 동본원사(東本願寺) 부산별원에 교육을 의뢰하였다. 동본원사는 이를 받아들여 1877년 11월 27일 부산에 포교소를 설치하고 포교소 내에 '한어학사(韓語學舍)'라는 한어 교육기관을 설치하였다.

1877년 11월 5일에 창립된 동본원사 부산별원은 일본 진종대곡파(眞宗 大谷派) 본원사(本願寺) 소속이다. 부산항 개항 후 1877년 9월 일본 정부의 요청으로 진종대곡파가 조선에의 포교를 시작할 때, 임진왜란 직전 정탐을 목적으로 조선에 파견되었던 오쿠무라 조신[奧村淨信]의 후예인 오쿠무라 엔신을 부산에 파견하였다. 오쿠무라 엔신은 관리관에게 부탁하여 참판관(參判官) 관사를 빌려 본원사출장소(本願寺出張所)라 칭하고 조선 포교에 착수하였으며, 1878년(고종 15) 12월에 대곡파 부산별원(大谷派釜山別院)으로 개칭하였다.[31]

동본원사 부산별원에 설치된 '한어학사'는 1878년부터 1889년까지

---

31 건립 당시 주소는 부산 서정 1丁目 8番地로, 현재 부산광역시 중구 신창동 1가 6번지의 대각사(大覺寺) 위치이다. 오쿠무라 엔신[奧村圓心]의 『조선포교일지』에 따르면, 1877년(고종 14) 당시 거류지는 동관과 서관으로 나뉘어 있었는데, 거류민의 대부분이 동관 쪽에 살아 비어 있던 서관의 양국 대사 응접소 3동 중 한 동을 빌렸다고 한다. 그 후 가메야마 리헤이타[龜山理平太] 이사관으로부터 영구차용의 인가를 받았다고 한다. (부산역사대전 '초량관어학소' 항목 참조.) http://busan.grandculture.net/Contents?local=busan&dataType=01&contents_id=GC04205000)

한어 교육을 담당하였다. 본래는 조선인을 대상으로 포교 활동을 하기 위한 개교사(開教師) 양성을 목적으로 설치된 곳인데, 외무성 요청으로 재조선거류인(在朝鮮居留人) 대상 한어 교육도 병행하였다.

도쿄외국어학교(東京外國語學校) 조선어과(1880-1886, 1897(韓語學科)-1927, 일본)

부산의 초량관어학소가 폐지되고 1873년에 설립된 관립 동경외국어학교[현 동경외국어대학]에 조선어학과가 설치된 것은 1880년(고종 17)이다. 초량관어학소의 교수와 학생은 모두 신설된 동경외국어학교 조선어과에 합류하게 되었다.

1880년도판『東京外國語學校一覽』에 실린 커리큘럼에 의하면 1, 2학년에서『교린수지(交隣須知)』,『인어대방(隣語大方)』등을 가르쳤고 3학년 이후에는『구운몽(九雲夢)』,『옥교리(玉嬌梨)』,『임경업전(林慶業傳)』,『유서필지(儒胥必知)』기타 경서언해류 등의 교재들이 사용되었음을 알 수 있다. 전공인 한국어, 한국 역사, 지리 이외에 대수, 기하, 체조 등의 필수 과목이 개설되어 있었다.

근대적인 학교 교육 제도하에서 외국어로서의 한국어 교육이 실시된 것도, 동경외국어학교에 조선어학과가 그 효시로 간주할 수 있다. 이 시기의 졸업생 중에 한국어, 한국사 연구자로 알려진 아유가이 후사노신(鮎貝房之進)이 있다. 그 후 1886년에 동경외국어학교는 동경상업학교(東京商業學校, 현 히토쓰바시대학)에 흡수되면서 폐교되어, 한국어 교육은 동경외국어학교가 다시 부활 설치될 때까지 약 10년간 중단되었다.

표 6 조선 후기~구한말 일본인을 위한 한어(韓語) 교육기관

명칭	소관기관	소재	설립연도	기능 및 의의
한어사 (韓語司)	대마번	대마도 이즈하라[32]	1727- 1872	한어 통사 양성 아메노모리 호슈[雨森芳洲]가 대마번(對馬藩)에 세운 일본 최초의 공립 한어(韓語) 교육기관
한어학소 (韓語學所)	일본 외무성	대마도 이즈하라[嚴源] 교세이지 [光淸寺]	1872. 10.25. - 1873	한어 통사 양성 메이지[明治] 정부가 설치한 최초의 한어 교육기관 → 부산으로 이전 (초량관어학소)
초량관어학소 (草梁館語學所)	일본 외무성	부산 초량관 (일본공관)	1873. 10.25. - 1880	조선어 통역관 양성 → 동경외국어학교 조선어학과의 전신
한어학사 (韓語學舍)	일본 불교 동본원사 (東本願寺)	부산 포교소 내	1878- 1889	조선인 대상 포교 활동을 위한 개교사(開敎師) 양성 목적 (설치는 1877년 11월 27일) 1878년부터 외무성 요청으로 재조선거류인(在朝鮮居留人) 대 상 한어 교육도 병행
동경외국어 학교(東京外 國語學校) 조선어학과	일본 문부성	일본 동경	1880	문부성(文部省) 산하 최초의 조선어 교육. 관립동경외국어 학교 설립은 1873년.
수재(修齋) 학교[33]	사립	부산	1880- 1888	일본인 대상 아동 교육 기관
부산공립학교	공립	부산	1888. 12.	수재학교와 한어학사를 통합

---

32 후추(府中)를 개칭.

33 일부 논문에서 수재학교를 '희제학교'(정근식 2007) 또는 '수제학교'라고 쓰고 있

1897년 학교 부활과 동시에 한어학과가 설치되어 한국어 교육이 재개되었으나 1927년 '帝國의 한 지방 언어에 불과'한 한국어를 '외국어' 학교에 설치할 이유가 없다는 문부성의 견해에 따라 한국어학과가 폐지되었다. 이로 인하여 일본 관립 학교 제도로서의 한국어 교육은 전폐되었고, 한국어 연구는 그 전년도인 1926년에 설치된 서울의 경성제국대학 법문학부 조선어 조선문학과로 그 중심이 옮겨지게 되었다(伊藤英人 1999:37-38).

3.3. 고이즈미 데이조의 한국어 공부

고이즈미 데이조는 1893년 8월 조선에 온 다음부터 한어(韓語) 공부를 시작한 것으로 보인다. 그의 소장본 가운데 가장 빨리 필사한 것이 1894년 3월 14일에 필사한 『유리국심씨전(琉璃國沈氏傳)』이다. 〈조선신문(朝鮮新聞)〉 1930년 11월 8일자 9면의 고이즈미 데이조의 퇴임기사에 '문자 그대로 침식을 잊고 자습을 하였다'고 쓴 것으로 보아, 언어 교육기관에서 정식으로 배운 것이 아니고 '전래(傳來)의 한어 학습법'에 따라 자습한 것으로 보인다. '전래의 학습법'이란 전술한 바와 같이, 아메노모리 호슈[雨森芳洲]가 대마도에 세운 최초의 한어교육기관인 〈한어사〉로부터 내려온 한어 학습법을 말한다.

는데 '수재학교'의 잘못이다.

〈한어사〉에서는『교린수지』,『물명』,『한어촬요』등을 통해 문법과 어휘를 단계별로 공부하고, 이와 병행하여 한글로 된 소설류를 독해하고,『유합』과 같은 조선한자음을 익히기 위한 공부를 하였다. 〈한어사〉의 교육은 통역관을 만들기 위한 교육이었으므로 당시 통신사로 파견된 학자들과의 수준 높은 통역을 위해『소학』이나『사서』와 같은 한학(漢學)도 공부해야 하였다. 이는 조선의 사역원에서 역관 양성을 위해 교육했던 방식과 흡사하다.

고이즈미 데이조가 가장 먼저 필사한 책이『유리국심씨전』(1894년 필사)과『교린수지』(1894년 필사)인 것에서 알 수 있듯이, 그는 한어 공부의 기초학습서인『교린수지』와 한글로 쓴 소설을 다수 필사하고『효경언해』(1895년 필사)와 같은 기초적인 경서도 필사하였다.『효경언해』는 한국한자음을 익히는 데도 도움이 되었을 것이다. 어느 정도 한글에 익숙해지자, 어휘나 짧은 문장을 익힐 수 있는『일화조준(日話朝雋) : 단어연어(單語連語)』(1895)이나『일한통화(日韓通話)』(1899, 초간 1893)를 익히고, 물명류를 발췌한『한어유취(韓語類聚)』(1900 필사)를 필사하였다. 나아가 당시의 제반 논설들을 필사한『한문논설(韓文論說)』(1900년 필사)을 읽고 편집할 수 있는 능력을 갖게 되었고,『천자문음해』(1901 필사)의 필사를 통해 고급 수준의 조선한자음을 익혔으며,『신찬조선회화』(홍석현 저[34])와 같은 문법서를『신찬일한회화』(1904)로 번역할 만한 실력까지

---

34 『新撰朝鮮會話』는 1894년(明治27年) 8월에 도쿄의 하쿠분칸(博文館)에서 발행된 한국어 학습서로 현재 일본의 국립국회도서관과 동경경제대학 등지에 소장되어 있다. 본서의 표지와 내제에는 '朝鮮洪奭鉉著, 新撰朝鮮會話', 책 말미의 간기에 '著者 洪奭

갖추게 된다.

하시모토 아키요시[橋本彰美]라는 이름으로는 1906년에 필사한 『한어교정(韓語教程)』이 마지막이며, 1906년에 간행된 『조선문전』에 그의 소장기가 발견된다. 하버드 옌칭도서관에 있는 그의 소장본 가운데 가장 필사가 늦은 것이 『부상일기(扶桑日記)』(1917)인데, 이 책은 자신의 실명인 고이즈미 데이조[小泉貞造]라는 이름으로 필사한 책으로는 유일하며, 한문본이다. 그의 한어 공부는 군 통역관이 되기 전까지의 여정이었다.

鉉, 發行者 大橋新太郎'로 기재되어 있어 본서의 저자가 홍석현(洪奭鉉)이란 인물임을 확인할 수 있다. 홍석현은 1897년에 와세다(早稻田)대학 전신인 도쿄전문학교(東京專門學校) 전문부 방어정치과(邦語政治科)를 한국인 최초로 졸업했으며 귀국 후 1907년에 관립한성고등학교(경기고등학교 전신) 교장에 취임한 인물로 알려져 있다(이강민 (2017) 53쪽 참조).

| 4 | 고이즈미 데이조의 한국어 학습 과정과 장서(藏書)

4.1. 하버드대학 옌칭도서관의 고이즈미 데이조 장서 개요

    현재 하버드대학 옌칭도서관의 장서 가운데 고이즈미 데이조가 가지고 있었던 책은 모두 42종 31책이다. 이들은 그가 직접 필사하였거나 필사를 의뢰하여 받았거나, 소장했던 책들이다. 1894년 그가 직접 필사한 『재간교린수지(再刊交隣須知)』로부터 1906년 그의 장서기가 적혀 있는 『조선문전(朝鮮文典)』에 이르기까지 매우 다양한 책들이 있다. 이 책들에는 각각의 책에 도서관에 들어온 수서(受書) 날짜를 알려주는 스탬프가 찍혀 있다. 아래 사진은 필사본 『(재간) 교린수지』(1894)의 표지에 찍힌 것이다. 이 책은 1959년 8월 27일에 일본의 린로카쿠(りんろうかく, 琳琅閣)에서 수입한 책임을 보여준다.[35] 고이즈미 데이조의 컬렉션은 날짜가 같지는 않지만 대부분 그 즈음에 린로카쿠쇼텐[琳琅閣書店]을 통

---

35 허경진(2001:32)에서는 이 책들을 청계천의 고서점을 통해 구입되었을 확률이 높다고 했는데, 이 수서기록을 보면 일본의 고서점에서 수입된 것이 확실하다.

해 들어온 것들이다.[36]

아마도 고이즈미 데이조의 책들이 린로카쿠 서점에 있다가 시간차를 두고 하버드 옌칭 도서관으로 수입된 것으로 보인다. 고이즈미 데이조의 장서들에는 아래 두 개의 수서인이 보이는데, 대부분 린로카쿠쇼텐[琳琅閣書店]을 통해 들어온 것들로, 1959년 7월 17일과 8월 27일의 수서인이 찍혀 있

琳琅閣書店 東京都文京区本郷 7-2-4

다. 7월 17일에 들어온 책에는 'Rinrokaku'의 'Rinro'를 붉은색 글씨로 써 놓았다. 각각의 책은 도서 번호도 연결되어 있지 않고 뿔뿔이 흩어져 있지만 '고이즈미 데이조 컬렉션'으로 묶여질 만하다. 『하바드 燕京圖書館 韓國貴重本 解題』(전4권, 2005년 간행)와 하버드 대학의 도서 분류 시스템인 HOLLIS [Harvard Online Library Information System]에 이 책들에 대한 간단한 해제가 붙어있는 것도 있는데, 필자가 확인한 결과, 필사자 또는 소장자의 이름이 일관되지 않을 뿐만 아니라, 합철된 책의 경우는 분류 기준이 명확하지 않아서 중복되거나 누락된 것이 꽤 있다.

---

36 린로카쿠쇼텐(琳琅閣書店)은 일본 도쿄대 인근에 있는 고서점이다. 메이지 8년[明治8, 1875]에 창업하였으며, 일본·중국의 고전적, 탁본, 인보(印譜), 메이지[明治]·타이쇼[大正]시기의 책, 학술서, 중문서, 미술서 등을 취급하는 전문 서점이다. 현재도 영업을 하고 있다.

1959년 7월 17일 수서인   1959년 7월 17일 수서인

1959년 8월 27일 수서인   1959년 8월 27일 수서인

    고이즈미 데이조가 소장했던 책은 판본과 필사본으로 나눌 수 있다. 판본은 주로 장서인을 통하여 찾을 수 있었다. '小泉'이라고 새겨진 주문방인이 찍혀 있는 것이 대부분이고 간혹 '橋本彰美之印'이라고 새겨진 장서인도 보인다. 『조선문전』의 경우는 장서인 대신 장서기가 있어서 고이즈미 데이조의 소장본이었음을 알 수 있다.

장서인 [小泉]   장서인 [橋本彰美之印]

4.2. 판본

고이즈미 데이조가 소장했던 책을 판본부터 살펴보고자 한다.

고이즈미 데이조 소장 판본(유인본 포함) 목록

	표제(서명)	발행년	도서번호 HOLLIS No.	발행자 Hol. 영문표기
1	남훈태평가 南薰太平歌	1863 (철종14)	TK5973.3 / 4441 990079232240203941	미상
2	재간 교린수지 再刊 交隣須知	1883	TJ5973.01 / 1443.1 990080007230203941	雨森芳洲 浦瀬裕 校正增補.
3	單語連語 日話朝雋	1895 (고종32)	TK5973.08/ 6042 990079677160203941	이봉운
4	日韓通話	1899 (초간 1893)	J5973.08/6865 990082094370203941	國分國夫 編
5	조선문전	1906	TK5973.07 / 8243 990079202610203941	유길준 (俞吉濬)
6	댱경젼	미상	TK 5973.5 / 205 990079334910203941	작가 미상
7	쇼뒤셩젼	미상	TK 5973.5 / 6868 990079793120203941	작가 미상

판본	장서인 / 장서기	수서일자
목판본, 방각본 石洞新刊	[小泉] 주문방인[37]	AUG.27.1959 RINROKAKU
연활자본	[橋本彰美之印] 주문방인	JUL.17.1959 RINROKAKU
활자본 京城:漢城新報社	[小泉] 주문방인	JUL17.1959 RINROKAKU
東京:[s.n.], 明治32(1899)	[小泉] 주문방인	JUL17.1959 RINROKAKU
유인본 (옵셋 인쇄)	장서기 明治三十九年(1906)五月十七日求之 韓 國駐箚軍司令部 橋本貞造	AUG.27.1959 RINROKAKU
목판본, 방각본	[小泉] 주문방인	AUG.27.1959 RINROKAKU
목판본, 방각본	[小泉] 주문방인	AUG.27.1959 RINROKAKU

---

37   허경진(2001)은 하시모토가 가장 일찍 장서인을 찍은 책이 『교린수지』라 하였
는데, 이때 찍은 장서인은 [橋本彰美之印](주문방인)이다. 그러나 그를 고이즈미 데이
조라고 하는 관점에서 보면, 그의 장서인이 찍힌 책 중 가장 오래된 책은 『남훈태평가
(1863)』이다. 여기에는 [小泉](주문방인)이라는 장서인이 찍혀 있다.

1 남훈태평가(南薫太平歌)

표지

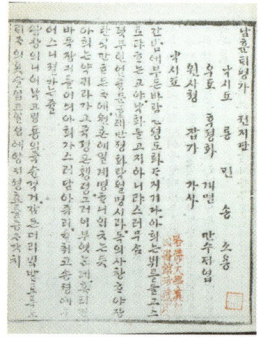
본문 시작

장서인

　이 책은 19세기 중후반 이후 시조의 대중화 양상을 보여주는 주요 자료로서 국문 가집(歌集)이다. 목판본, 방각본이며 후쇄본이다. 권말의 '계해석동신간(癸亥石洞新刊)'이라는 기록으로 보아 1863년(철종 14)에 판각된 듯하다. 이 책은 고이즈미 데이조의 장서인 가운데 하나인 [小泉](주문방인)이 찍혀 있어, 그가 소장했던 것임을 알 수 있다. 연대를 알 수 있는 책 중 고이즈미의 장서인이 찍힌 가장 오래된 책이다.

　본문은 총 28장, 반엽(半葉) 1면은 14행, 1행은 22자 내외로 되어 있다. 본문의 제목은 '남훈태평가 권지단'이라 적었고, 이어 '낙시됴·롱·편·송·소용·우됴·후정화·계면·만수디엽·원사청·잡가·가사' 등 12항의 목록이 있다. '낙시됴' 항목 아래 시조 224수가 실려 있고, 이어 '잡가'에 〈쇼츈향가〉, 〈미화가〉, 〈빅구사〉 3편, '가사'에 〈츈면곡〉, 〈상사별곡〉, 〈쳐사가〉, 〈어부사〉 4편이 실려 있다. 시조의 경우, 한 작품을 3장으로 나누어 장 사이에 구점을 찍고 종장 마지막 구는 생략하였다. 철자는 소리 나는 대로 적었다. 이 책은 창(唱)을 위한 음악석인 목적으로 편찬되었음을 알 수 있다. 작가는 밝히고 있지 않으나 영조 이전의 작가들의 작품이 상당수 보인다. 또한, 이 책에만 수록되어 있는 작품은 7수이다.

잡가는 〈쇼츈향가〉·〈미화가〉·〈빅구사〉, 가사는 〈츈면곡〉·〈상사별곡〉·〈쳐사가〉·〈어부사〉가 실려 있다. 이 책이 1863년에 간행되었다고 본다면 1876년에 편찬된 『가곡원류』보다 10여 년 앞선 셈이 된다. 대부분의 가집이 사본으로 전하는 데 비하여 이 책은 방각본(坊刻本)으로 간행된 점이 특이하다. 국립중앙도서관 등에 소장되어 있다.[38]

2 재간교린수지(再刊交隣須知: 연활자본)

 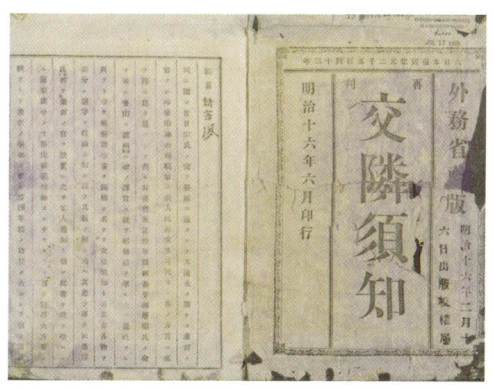

『재간교린수지』 표지   『재간교린수지』 명치16년(1883년)본

38 『한국민족문화대백과사전』 '남훈태평가' 항목(심재완 집필) 참고. https://encykorea.aks.ac.kr/Article/E0012319

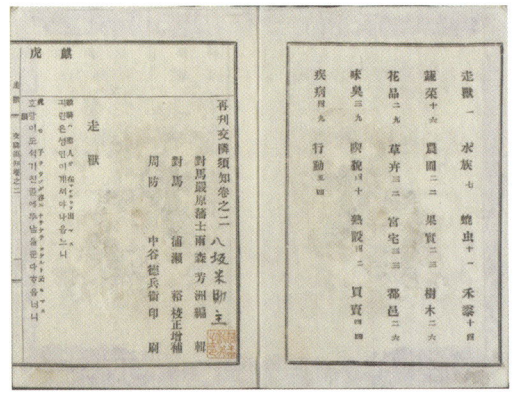

『재간교린수지』장서인

장서인 [橋本彰美之印]

　『교린수지(交隣須知)』는 일본 메이지[明治] 시대에 일본인들이 조선어를 배울 때 가장 많이 사용한 회화 학습서이다. 이 책은 본래 아메노모리 호슈[雨森芳洲, 1668-1755]가 18세기에 편찬한 것으로, 여러 필사본으로 전해져 왔는데 동쪽 지방의 사투리가 많이 섞여 있고 명확하지 않아서 말이 통하지 않는 경우가 많았다. 강화도 조약(1876년) 이후 양국의 왕래가 잦아짐에 따라 일본 외무성의 명령으로 우라세 히로시[浦瀬裕]가 이 책을 증보·교정하게 되었다. 이 작업에는 당시 부산에서 전문적으로 조선어를 배우고 있던 호사코 시게카쓰[寶迫繁勝]가 참여했는데 그는 외무성에 활자 및 인쇄 기계를 신청하여 인쇄를 담당했다. 또한 부산어학소에서 일하고 있던 강원도 출신의 김수희(金守喜)가 조선 팔도의 말에 정통하고 있어서 교정을 많이 도와주어 1차로 교정을 마쳤다. 그것을 서울에서 온 학자들에게 보여주었더니 10년 사이 언어가 많이 바뀌었다고 하여 인쇄를 바로 하지 못하고 조선국 고관에게 정정을 의뢰해서 많이 증감했다고 한다. 우라세 히로시(浦瀬裕)가 쓴 서문을 보면 아래와 같다.

일찍이 듣기로 과거 쓰시마주(對馬島主) 소(宗)씨가 조선과 국교를 열자, 그때는 文運이 아직 열리지 않았던 시기였으므로 조선어 통역관이 없고, 오직 부산포공관에 근무하고 있는 몇 일본 사람이, 평소에 듣는 방언에 따라 겨우 의사를 통했을 뿐이었다.

서기 1710년경 아메노모리 호슈(雨森芳州)가 가끔 宗씨의 명을 받아 부산에 가서 그곳 역관으로부터 조선어를 배우고, 크게 깨달은 바가 있어 비로소 조선어학서를 편집하였다. 책명을 '교린수지'라 하고, 여러 가지 사항의 제목을 정하고 이것을 제자(題字)로 하여 각행의 머리에 쓰고, 그에 따라 문장을 만들어 일본어로 뜻을 풀이하였다.

宗씨는 이에 통역부를 설치하고 이것을 '五人通詞'라 칭하였으며, 이 책을 교재로 하여 조선어를 배우게 하였다. 이렇게 하여 통역사들을 양성하였으며 그들의 교재를 더욱 수정하고 증보하였다. 또 인어대방(隣語大方) 등도 편찬하여 통역 사업의 체계를 갖추게 하였다. 雨森芳州의 초창의 공이 대단히 크며, 또 뒷사람들을 키워내는 데도 노력을 다했다고 볼 수 있다. 그러나 아까운 것은 그 조선어의 대다수는, 시골 말인 사투리(주로 부산지방 말)가 적지 않았다. 따라서 지식층이 격의 없이 교환할 수 있는 상용어로서는 부족함을 알았다. 그러나 당시 양국 교류의 길이 트이지 않았고, 일본인이 왕래하는 부산포는 좁은 벽지에 지나지 않았으며, 공관 바깥으로 멀리 나갈 수도 없었고, 가까운 동리 사람이라고 해도 함부로 면담할 수 없었다. 하물며 경성 신사와 만나 친히 경성말(표준말)을 듣는 기회가 전혀 없었으므로, 이 교린수지가 통역 교재로서는 부적당하였는바, 그 이유는 표준어를 쓰지 않았기 때문이었다. 명치9년(서기1876) 신조약이 비로소 성립되어 양 국민이 부드럽게 무역하는 길이 열리고, 교통도 편리해져 교류가 활발해짐에 따라, 통역관이 부족하여 이 사정을 외무성에 보고하는 한편, 이 책을 더 증보 교정하여 세상에 널리 펴도록 할 사람을 구한 바, 이에 야마구치현(山口縣) 출신인 다카세리(寶迫繁勝)라는 사람이 책 상자를 메고 부산에 와서는 조선 어학을 공부할 뜻을 굳히고, 또 열심히 익혀 크게 진척하였다. 명치12년 寶迫繁勝가 도쿄(東京)로 부임하려고 함에, 나는 그에게 말하기를 '지금 외무성에서 조선어학서 인쇄가 있을 것이니, 그대는 그 일에 숙달되어 있으므로 바라건대 외무성과 접촉하여, 조선 어문의 활자 제조를 신청하도록' 하라고 부탁하였는데, 寶迫는 외무성에 이를 신청한 바 본성은 이를 허락하고, 일·한(日韓) 활자 및 제조 기계를 주었으며, 한편 寶迫에게 인쇄를 명하고 또 나의 교정을 도와주도록 하였다. 寶迫는 말하기를 이 교재의 전사(傳寫)가 오래되었고, 일본어 번역문 또한 오류가 있을 것으로 보이니, 궁내성(宮內省) 근무 곤도(近藤芳樹), 가베(加部嚴夫) 두 사람으로부터 철저한 일본어 교정을 받고 돌아와서 이것을 나에게 알렸다. 우리는 또 부산어학소 고용인인 조선국 강원도 선비 김수희(金守喜)와 의논하여 다시 교정을 보았다. 김수희는 원래 8도 어음에 정통하였으므로 많이 산정(刪定)하였다. 한편 경성의 학사 3, 4명이 가끔 부산에 왔을 때, 이 수정본을 보이며 그 내용을 다시 질문하였다. 학사의 말에 '지금으로부터 10년 전에 조선어가 크게 변하였다. 세상과 인정이 바뀐 때문이다'라고 말하였다. 이런 사정에 대하여 교재의 수정이 불가피하다는 내용을 외무성에 구체적으로 말하고, 다시 그 신사들에게 의뢰하여 정정을 부탁한바 많은 증감이 있었다. 명치13년(1880) 5월에 이르러 마침내 완성되었고, 이 책이 옛날 모습이 아닌 새로운 교재로서 쓰시마(對馬島) 교역부에서 사용토록 바치게 되었다. 雨森芳州의 노력이 이렇게 결실을 맺게 되었다. 지금은 중요한 관청의 간행물로서 세상에 퍼지게 되었으니, 조선어에 뜻을 둔 사람에게 커다란 다행이 아닐 수 없다. 내가 감히 정정의 대임을 받아 책을 펴는데, 만약 실수가 있다면 뜻있는 군자가 이를 고쳐 주기를 엎드려 청한다."

명치13년 5월

외무성 근무 조선어학 교수(부산항 일본영사관 근무)

우라세 유타카(浦瀬裕)

1881년(명치14)에 간행된 『교린수지』는 1883년(명치16) 다시 교정을 거쳐 간행되었는데, 하버드대 옌칭도서관 소장본은 1883년의 『재간교린수지(再刊交隣須知)』로, 4권 4책의 연활자본이다. 이 책의 권말에 고이즈미 데이조의 장서인인 '橋本彰美之印'[주문방인]이 찍혀있어 고이즈미가 소장했던 책임을 보여준다. 허경진(2001:5)은 이 책이 그가 장서인을 찍은 첫 번째 책이라 하였으나, 그 이전에 간행된 『남훈태평가』에도 장서인이 있어서 어느 책을 먼저 소장했는지는 알 수 없다. 다만, 당시 일본어 학습의 기초교재로 『교린수지』를 많이 이용했던 사정을 감안하면 문법서인 『재간교린수지』를 먼저 소장했을 가능성이 크다. 고이즈미는 1894년 9월 15일부터 이 책을 필사하여 12월 14일에 마쳤다(필사본 『교린수지』 필사기 참고).

3 단어연어(單語連語) 일화조준(日話朝寯): 1895년 간행

『일화조준』 표지

판권지

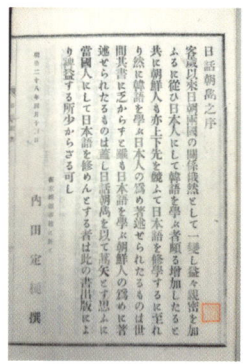

일본어 서문과 장서인

'小泉' 장서인 찍혀 있는 『단어연어(單語連語) 일화조준(日話朝寯)』은 1895년 6월 일본인 사카이 마스타로[境益太郎]와 한국인 이봉운(李鳳雲)이 경성에서 발간한 일본어 학습서이다. 이준환(2021)에 의하면 이책은 메이지[明治] 28년, 조선 개국 504년인 1895년에 경성(京城) 낙동(駱洞)의 한성신보사(漢城新報社)에서 인쇄하여 발행한 것이다. 저술 발행 겸 편집인은 나가사키[長崎]현의 미나미다카키[南高來]군에 사는 사족인 사카이 마스타로[境益太郎]이며, 인쇄인은 시마네[島根]현의 평민인 오카타 우이치로[岡田卯一郎]이다. 이 책의 「일화죠전 셔」를 보면 이책이 조선 사람이 일본말을 배우는 최초의 책이라고 소개되어 있다.

작년붓터 죠션과 일본 량국 샹관이 홀연히 변ᄒᆞ야 더옥 친밀ᄒᆞ야스니 일본 사름이 죠션말 비호ᄂᆞᆫ 이가 더홈으로 더부러 죠션 사름도 한가지 샹하 업시 션후를 ᄃᆞ토와 일본말 비호기를 숭샹ᄒᆞᄂᆞᆫ지라 그러ᄒᆞᆫᅵ 일본 사룸이 죠션말을 비호는 칙은 셰샹에 만흐나 죠션 사람이 일본말 비호기를 위ᄒᆞ야 민든 칙은 일화죠젼이 쳐음인 듯ᄒᆞ니 죠션 사람으로써 일본말 비호고ᄌᆞ ᄒᆞ는 이는 이 칙이 나셔 유죠홈이 만흘 듯ᄒᆞ오이

「일화죠젼 셔」에는 당시의 조선과 일본을 둘러싼 정세가 어떤지가 소개되어 있고 일본말을 배우는 조선 사람이 늘어남에 따라 이런 수요에 부응하기 위하여 책을 편찬하였다는 내용이 실려 있다.[39] 그 앞장에는 일본어로 된 「일화조준지서(日話朝雋之序)」가 있고, 이어서 공동 저자인 이봉운이 쓴 「일화죠젼 緖言」이 있다.

> 方今 朝鮮國에 大小學校를 設立ᄒᆞ야 譯學ᄒᆞ되 士農工商에 人民은 生業에 골몰ᄒᆞ야 學校에 語學홀 數 업고 童蒙만 學習 爲ᄒᆞ기로 此編을 開錄ᄒᆞ야 朝鮮 八道 各邑 男女老少가 皆 此編을 見習ᄒᆞ면 日朝 兩國語 庶幾 相通하야 利國勸化가 斷斷 爲ᄒᆞ리니 類聚開刊ᄒᆞ야 著ᄒᆞ오
>
> 著者 識

이 책의 저자에 대해서는 『역대한국문법대계』의 해설에 "저자 이봉운은 『국문정리』로 많이 알려져 있지만 고종대의 왜어역관이었다고 추

---

39 이런 '셔'는 조선어뿐 아니라 일본어로도 쓰여 있는데 일본어로 된 부분은 '日話朝雋之序'란 이름으로 「일화죠젼 셔」 앞 장에 제시되어 있는데 이곳의 내용은 일 화 죠 젼 셔」와 정확히 일치한다. 이 「日話朝雋之序」는 京城領事館의 영사인 內田定槌[우치다 사다우치]가 쓴 것이다(이준환 2021:71 참조).

측되는 것 이상은 알려져 있지 않다. 다른 저자인 사카이 마스타로[境益太郎]에 대해서 나가사키의 사족이라고 하는 것 이외는 알 수 없다"라고 쓰여 있다. 이봉운은 1897년에 발행된 근대 문법연구서인 『국문정리』를 저술한 인물이다. 『국문정리』에 대해서는 선행연구가 있으나 그의 이력 등에 대해서는 밝혀진 바가 없다. 공저자인 사카이 마스타로는 외무성 외교 사료관과 국사편찬 위원회의 한국사 데이터베이스의 기록에 의하면, 1867년 9월에 나가사키에서 태어난 인물로, 한국의 원산, 마산 등에서 일본 공사관 소속의 경찰로 근무했다는 내용이 있다. 그는 일본인들의 '민비 시해사건'과도 관련이 되는 인물로, 히로시마 지방법원의 '閔妃殺人事件の予審決定書(민비살인사건의 예심결정서)'에도 이름이 보이는데, 증거불충분으로 관련 일본인들 48명이 전원 무죄로 풀려났다. 그 문서에는 그에 대해 다음과 같이 기술되어 있다.

> 長崎市南高来郡神代村居住士族境勘作長男外務省巡査 境益太郎 (明治元年九月生)
>
> 『閔妃殺人事件の予審決定書』

따라서 그가 민비 시해 당시에도 나가사키 출신의 사족으로 외무성의 순사, 즉 경찰 신분이었음을 보여준다. 이 책은 학교에서 사용되는 교과서가 아니라 민간인의 독학을 위해 저술된 것으로 보인다(황윤 2017 참조).

1895년 당시 경성에 와 있던 일본 경찰들은 통역이 필요하였으며 1900년 진후 일본은 국가나 지방정부 모두 조선을 침략하기 위해 유학생을 파견하고 있었는데 그 대표적인 지방정부가 구마모토[熊本]현 (縣)이었다. 구마모토현은 임진왜란 당시의 가토 기요마사[加藤清正, 1562-1611]라는 상징적 인물을 통해 조선 침략에 대한 적극적 사고, 청 일 전쟁을 계속 상기시키게 하는 지역이었다. 구마모토현은 현비(縣費) 로 조선에 유학생을 파견하였다. 일본은 한국에 대한 침략을 본격화하 며 이른바 '고문정치'를 시작하면서 경찰권과 재정권의 장악을 노렸다. 1905년 구마모토현 출신인 동경 경시청의 마루야마 시케토시[丸山重俊, 1856-1911]가 경무 고문으로 부임했는데, 당시 일본인 사회에서 지역적 네트워크가 크게 작동하여 서울의 구마모토 현인회가 그를 환영하는 모임을 가졌고, 그는 구마모토 출신 유학생들을 경찰에 통역으로 충원 하였다.[40] 당시 전국에 배치된 '통역'들은 대부분 구마모토현에서 만든 한어학교인 '낙천굴(樂天窟)' 출신이다. 이들은 지방경찰에서 경무국으 로 이동하여 식민지 경찰의 중심부로 편입되었다. 낙천굴은 남산 산록

---

40 한국어를 학습한 일본인들이 조선의 국가기구로 들어오기 시작한 것은 러일전쟁 부터이다. 러일전쟁이 거의 끝나갈 무렵, 일본은 한국에 대한 침략을 본격화하면서 이 른바 고문정치를 시작하였다. 고문정치는 우선 경찰권과 재정권의 장악을 노렸는데 그것의 일환으로 1905년 2월 3일 동경 경시청의 경시 마루야마 시케토시[丸山重俊]가 경무고문에 취임한 이후, 지방의 경찰기관을 장악하기 위한 조치를 시작하였다. 또한 한국인과 일본인의 교섭사무가 빈번한 인천, 부산, 목포, 원산에 1인의 경시와 통역관 1명을 배치하고 한국어를 이해하는 순사를 배치하였다. 이와 함께 통역으로 '한어학 교' 졸업생 7명을 채용하여 각 경시 아래 두고, 하야시 일본 공사에게 신청하여 한국 주 재 각 일본 영사관 경찰서에 근무하는 순사 중 한국어를 할 수 있는 자 13명을 선발하 여 경무고문부 소속으로 한국정부가 용빙하도록 결정하여 7월 13일 임명하였다. 이들 은 모두 구마모토현에서 만든 한어학교인 '낙천굴(樂天窟)' 출신인데, 이들은 곧 지방 경찰에서 경무국으로 이동하여 식민지 경찰의 중심부로 편입된다.(정근식(2007:39)).

에 있는 일본인 거류지의 동단에 있었으며, 유학생 숙사와 학교가 소재한 곳이었다.[41] 낙천굴에서의 공부는 조선어 위주로 하면서, 영한, 수학 등을 공부하였고, 교사는 공사관이나 영사관에서 담당자를 뽑아 가르쳤다. 감독이 일본어를 담당하였으며, 이 학교는 3년 수학으로 전문학교 졸업 정도의 학력을 갖추게 하였다.

4 『일한통화(日韓通話)』 1899년(3판, 초판 1893)

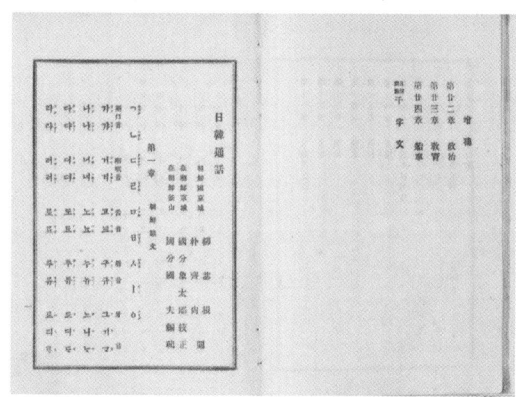

『일한통화』 3판

고이즈미 데이조가 소장하고 있었던 옌칭도서관 소장본은 『일한통

---

41 낙천굴은 구마모토 출신인 츠다 바이케이[津田梅溪]의 거주지였으며, '낙천굴'이라는 명칭도 그가 명명하였다고 한다. 낙천굴은 2인 1조의 취사당번제를 채택하고 있었다. 밥은 조선인 하인이 했으나, 당번은 부식조리, 된장, 무우 채 만들기 등을 담당하였다.(정근식(2007:28)).

화(1893)』의 제3판이다.『일한통화』는 본래 대마도 출신으로 부산어학소의 교관이었던 고쿠분 쿠니오[國分國夫][42]가 편집하고 그의 형인 고쿠분 쇼타로[國分象太郎]가 교정하여 1893년에 펴낸 한어학습서이다. 이 책은 1893년 동경 츠키지 활판제작소(東京築地活版製作所)에서 인쇄된 총 25장(226쪽)에 달하는 한어 학습서이다. 제1장 '朝鮮諺文'에서 제21장 '家禽獸'까지는「日韓通話」, 제22장 '政治及軍隊'에서 제25장 '刑罰'까지는「日韓通話增補」로 구분되어 있으며, 이 증보의 편저자는 고쿠분 쇼타로로 되어 있다. 따라서 1장~21장의 본문은 고쿠분 쿠니오가, 22장~25장은 고쿠분 쇼타로가 각각 작성한 후에 전체적으로 고쿠분 쇼타로의 교정을 거친 것으로 추정된다. 고쿠분 쿠니오와 고쿠분 쇼타로는 친형제지간으로 쓰시마[對馬島]에서 한어를 학습한 것으로 알려져 있다. 고쿠분 쿠니오는 당시 부산어학소의 교관으로 활약했으며, 그의 형인 고쿠분 쇼타로는 동경외국어학교에서 한어를 습득한 후 공사관의 통역관으로 재직했다. 특히 그는 1904년부터 이토 히로부미[伊藤博文]를 수행했으며 후에 조선총독부 인사국장으로서 식민통치에 관여했다. 다만 고쿠분 쿠니오는 본서 말미의 간기에 '編輯人長崎県 対

---

42 이즈하라에서 태어난 고쿠분 쇼타로는 조선어를 공부했고 부산 초량 왜관에 연수생으로 가서 조선어를 공부했다. 이토 히로부미가 조선통감부 통감으로 부임할 때 통역관으로 발탁됐다. 이후 고쿠분 쇼타로는 도쿄외국어학교 조선어학과를 졸업했고 경성 영사관에서 통역관으로 일했다. 이토 히로부미가 조선통감부 장관이 되었을 때 탁월한 통역실력을 보여 두터운 신임을 받았다. 이후 조선통감부 참여관, 조선총독부 인사국장 겸 중추원 서기관장, 조선 왕족을 관리하는 이왕직 차관까지 올랐다. 1921년 9월7일 61세로 사망했다(대마도 이즈하라의 고쿠분 쇼타로의 묘지명 내용).

馬国下県郡棧原町一番戸士族 故国分国夫'로 되어 있어 이 책이 간행된 1893년 9월의 시점에는 이미 고인(故人)이 된 것으로 추정된다.

일찍부터 한일 통역 교육에 종사한 유필근(柳苾根)은 고쿠분 쿠니오가 편찬한 『일한통화』의 서문에서 "병자 개항이래 『교린수지(交隣須知)』와 『인어대방(隣語大方)』이 한어(韓語)를 배우는 데 있어서 지침이 되었는데 이제 여기에 『일한통화』가 더 나왔다"고 표현하였다. 이 글이 1892년에 작성되었으므로 1876년부터 1890년대 초반 사이에는 그 이전부터 사용되던 교재가 사용되다가 청일 전쟁이 일어나기 직전부터 새로운 교재가 출현하였음을 알 수 있다. 『일한통화』는 1893년 고쿠분 쿠니오가 편찬하고 고쿠분 타테미(國分建見)를 발행자로 하여 동경에서 발행되었고, 1895년 재판이 발행되었는데, 이 책의 서지사항에 따르면, 경성의 유필근과 박재상(朴齋尙)이 교열하고,[43] 경성의 고쿠분 쇼타로(國分象太郞)가 교정을 보았다. 편찬자 고쿠분 쿠니오(國分國夫)는 부산에서 거주한 것으로 표시되어 있다. 이 책의 재판 서지사항에는 고쿠분 쿠니오(國分國夫)가 죽은 것으로 나타나며, 그의 주소와 신분은 나가사키현 쓰시마(對馬國)의 시모아가타군(下縣郡) 산바라쵸(棧原町) 1番號 사족(士族)으로 나타나 있다. 고쿠분 쿠니오(國分國夫)는 서문에서 좀더 자세히 이 책의 출판 경위를 써 두었는데, 이에 따르면, 원고를 쓸 때에는 현채(玄采, 1856-1925)와 이중원(李重元)의 도움을 받았고, 글을 쓴 후에는 서울에 있는 '가형(家兄)'에게 보내 교정을 보도록 했으며, '한유(韓儒)' 유필근, 박제상 두 명에게 검토를 받았다. 이 때의 가형이 고쿠분 쇼

---

43 본문에는 '검열'로 표현되었다.

타로(國分象太郎)이었다. 이렇게 보면 이 책은 개인이 아니라 쓰시마의 전통적인 통역 집안인 고쿠분(國分)가가 힘을 합하여 만든 셈이다. 이 책은 책 표지에 '교린'과 '요소'가 정학교(丁鶴喬)[44]의 글씨로 써져 있으며, 김윤식의 서문과 일본인 오이시 마사미[大石正巳]와 기노시타 사네히로[木下眞弘]의 서문, 그리고 유필근의 서문이 차례로 붙어 있다. 책의 편집은 구미의 회화편의 순서를 따랐다고 썼다. 당시에 사용되던 용어로 단어와 연어(連語)로 쓰고 있는데 이 연어는 문장을 의미한다. 이 책은 총 24장으로 구성되어 있는데 이 중 22-25장은 증보로 고쿠분 쇼타로(國分象太郎)가 쓴 것으로 되어 있다. 이 책은 일본인이 한국어를 배우는 것을 중심적 목표로 하고 있으나 한국인이 일본어를 배울 수 있도록 문장별로 번역을 달아두었다. 대화의 내용을 분석해 보면, 조선이 아직 완전한 식민지로 전락하기 이전의 교린과 상업이 중시되던 상황을 반영하고 있다. 유필근은 당시를 '和隣之時'로 표현하고 있다.

『일한통화』는 1893년 초판을 간행한 후 1895년에 재판을 간행하였고, 1899년에 3판, 1904년에 4판, 1905년에 5판, 1908년에 6판이 간행될 정도로 인기를 끌었던 교재였다. 이 책은 근대 계몽기를 대표할 만한 한어 교재로 이후 출간된 한어 회화서에 직·간접적으로 영향을 미쳤다.

소장본은 고이즈미 장서인인 [小泉](주문방인)이 찍혀 있다. 이를 통해

---

44   근대 한국의 서화가인 몽인(夢人) 정학교(丁鶴喬, 1832-1914)는 나주인(羅州人)으로 서와 화에 모두 능했는데 서(書)는 전·예·해·행·초 등 각체를 다 썼고, 화(畵)는 난죽(蘭竹)과 괴석(怪石)을 특히 전문으로 하였다. 그 서·화의 풍성이 정묘하고도 단아한 반면에 섬약함이 특징이다. 작품으로는 '광화문(光化門)의 액서(額書)'와 창덕궁 희정당의 '난죽괴석도(蘭竹怪石圖)' 등이 유명하다.

고이즈미 데이조가 『일한통화』의 3판인 1899년(明治32) 간본을 가지고 한어를 학습하였음을 알 수 있다. 3판은 1899년 11월 동경의 마루젠[丸善]에서 발매하였다.

5 『조선문전(朝鮮文典)』 1906년 5월 17일 장서기(藏書記)

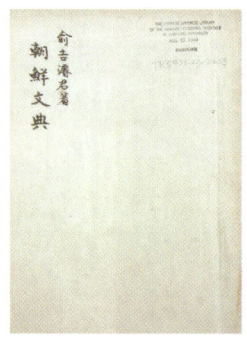
『조선문전』 표지

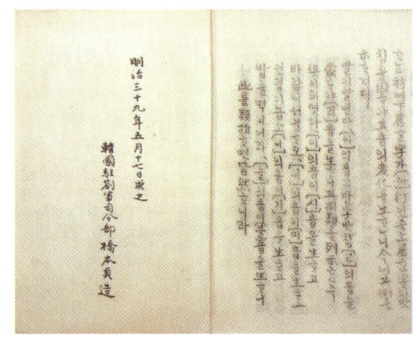
하시모토 데이조(橋本貞造)의 장서기

『조선문전』은 개항기 개화사상가이며 정치가인 유길준(俞吉濬, 1856-1914)이 라틴문법의 모형에 따라 저술한 우리나라 최초의 국어 문법서이다. 이 책은 최초로 한국인이 저술한 국어문전(文典)으로서 역사적 가치가 있으며, 따라서 문법 연구가 1900년대가 아닌 1880년대부터 이미 시작되었음을 알 수 있다.

『조선문전』은 지금까지 필사본 3종과 유인본 2종의 5종이 전해지는데, 그 연대는 ① 유길준 가장본(家藏本)인 연대 미상의 필사본『조선문전』, ② 김민수(金敏洙) 소장본인 1902년의 필사본『조선문전』, ③ 하동호(河東鎬) 소장본인 1905년의 필사본『조선문전』, ④ 1906년 유인본

『조선문전』, ⑤ 연대 미상의 유인본『대한문전』등과 같은 기록에 따라 광무 연간임을 알 수 있다. 저자의 초고인 가장본(표지에 '當要更訂 未定草'라 적혀 있음.)은 그의 일본 망명(1896-1907) 초기에 집필되었다고 추정된다. 광무 연간에 국내에서 필사로 혹은 유인으로 유포되다가 잡지에도 연재되고, 뒤에는 책 이름이『대한문전』으로 바뀌었다. 그런데 그는 1909년 개고판『대한문전』서언에서 국어문전을 30년 연구하면서 개고하기 8차 만에 이루었다 하고, 중간 4차 원고본이 잘못 나가 재판에 이르렀다고 하였다. 이에 따르면, 위의 ① 가장본 이전의 저술이 더 있었을 것으로 짐작되나, 그 초기의 초고는 전하는 것이 전혀 없다. 그가 언급한 4차 원고본에 해당하는 것은 1908년 1월과 6월에 거듭 출판된 최광옥(崔光玉)의『대한문전』뿐이다. 실상 이 책은『조선문전』에 비하여 머리에 문자론 9면이 더 있을 뿐 이하는 서로 동일한 내용이다.

하버드 소장본은 36쪽짜리 유인본이지만 '明治三十九年(1906)五月十七日求之 韓國駐箚軍司令部 橋本貞造'라고 쓴 장서기가 있다. 당시 최신의 문법서였던 이 책을 고이즈미 데이조가 소장하고 공부한 것은 그만큼 한국어에 대한 관심이 있었다는 것을 말해 준다.

6 『댱경젼』: 장경전(張景傳)

『댱경젼(장경전)』은 작자·연대 미상의 고전소설로, 송나라 때 장경이라는 영웅의 일대기를 다룬 영웅소설이다. 군담보다는 기생 초운과의 애정담에 더 큰 비중을 두고 있다. 고이즈미(小泉) 장서인이 찍혀 있는 소장본은 한글 목판본으로 방각본이다. 기존 연구에 의하면, 이본으로는 경판인 오한근(吳漢根) 소장 16장본, 영국박물관 소장의 25장본, 파리동양어학교 소장의 35장본과, 완판인 국립중앙도서관 소장의 65장본, 박순호(朴順浩) 소장의 31장본, 한국학중앙연구원 소장의 64장본이 있다.

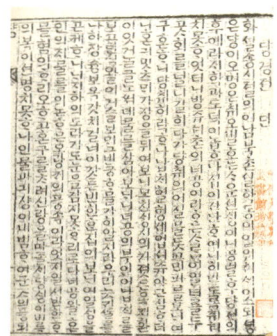

[小泉] 장서인

『댱경전』 표지   본문

　이 책은 16장본이며 경판본이다. 경판본은 완판본에 비하여 그 내용이 축약되어 있을 뿐만 아니라, 구체적 서술도 다르다. 완판본은 배경이 진나라로 되어 있으나, 경판본은 송나라로 되어 있는 등의 부분적 차이를 보인다. 또 이 책은 제10엽과 11엽이 서체가 완전히 다른 판으로 되어 있어서 책을 찍을 때 2종의 목판을 사용한 것으로 보인다.

7 『쇼ᄃ셩젼』: 소대성전(蘇大成傳)

　『쇼ᄃ셩젼(蘇大成傳)』은 작자·연대 미상의 고전소설로, 국문본이다. 목판본·활자본·필사본이 다 남아 있다. 목판본에는 경판본과 완판본의 두 종이 있는데, 완판본은 「용문전(龍文傳)」과 합책되어 있다. 활자본은 7회 출간되었다. 이본들 간의 내용은 거의 같지만, 경판본은 완판본의 반 정도로 축약되어 있다. 출간 회수로 볼 때, 널리 읽힌 인기 있는 작품이었던 것으로 보인다. 영웅소설 유형에 속하는 작품이다. 하버드 소장본은 경판본이며, '小泉[주문방인]' 장서인이 찍혀 있다.

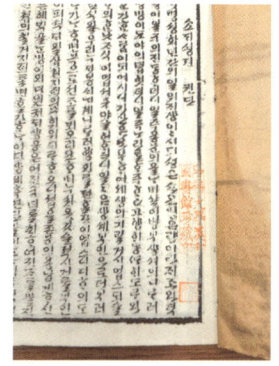

[小泉] 장서인

『쇼딕셩젼(蘇大成傳)』 표지   본문

4.3. 필사본

    고이즈미 데이조는 독학으로 한국어를 배웠다. 그가 한국에 온 시기에는 공적인 한국어 교육기관이 따로 없었던 과도기라 주로 한국어 문법서와 소설 등을 필사하는 방법으로 한국어 공부를 한 것으로 보인다. 그가 한국에 머무는 동안 필사한 책들을 따라가다 보면 그가 어떤 순서로 공부를 하였는지 알 수 있다. 우선 그의 필사본들을 보이면 아래 표와 같다.

표 8 〈고이즈미 데이조 소장 필사본 목록〉

	표제 (서명)	발행년 (필사일)	도서번호 HOLLIS No.	발행자 (필사자) Hol. 영문표기	필사기/장서기/장서인	수서일자
1	琉璃國沈氏傳 심천가 겸 오륜가 오륜가[45]	1894. 3.14.	TK5973.5 / 3430 990079362 500203941	橋本彰美 Kyobon Ch'angmi	필사기: 明治二十七年甲午太陽曆三月十三十四之兩日シレテ右一卷筆寫レ了ル 朝鮮국釜山海和館龍華院客舍於テ 蘇洲 橋本彰美	AUG.27. 1959 RINROKAKU
2	洞仙記	1894. 9.10.	TK5973.5 / 3220 990079362 020203941	橋本彰美 Kyobon Ch'angmi	換跋一言: 本書之結末曰, "辛卯拾貳月旬壹日絶筆. 册主千石汝, 元山旅燈寫書云" 余今筆起於九月六日晚景, 絶於十日矣. 實我日本帝國忠勇絶倫之貔貅, 遠航烟波數千里, 而來韓山, 擊愛親覺羅氏之慈姑的豚尾軟兵, 于成歡牙山之驛, 大獲勝之後也, 而未接平壤一勝衝北京之快報之時矣. 太歲在甲午, 年號明治經數卄又七, 而筆之者, 乃喬明鄕蘇洲橋本彰美散史, 於蓬萊府釜山仙洞和館之逆旅矣. 石汝名象河, 號蘭皋, 我絶親之友也. 甲午乃至辛卯, 實四春秋, 而我月用陽曆者也.	JUL.17. 1959 RINROKAKU
3	四時事親歌	1894. 9.16- 11.6 사이	TK 5973.3 / 6660 990079246 900203941	橋本彰美 Hashimoto, Shōbi	필사기: 此書, もと明治二十七年甲午のとし, 朝鮮國慶尙道釜山に滞在して豆毛洞に韓童を教育せるの餘暇写し置けるもの, 今三十六年癸卯のとし, 嚴父看病の爲め歸省して越陽温谷の故鄕に行李より取出して之を見る, 其感甚深し. 依而節々一筆をかきとゞむ. 陽春瘡神祭といふ. 大雨雷鳴の夜.	AUG.27. 1959 RINROKAKU

4	再刊 交隣須知	1894. 12.14	TK5973.08 / 1443.2 990080007 220203941	雨森芳洲 (橋本彰美)[46]	한글필사본 4권 2책 17*25cm 換跋一言 : 明治27年 筆寫記: 冊主兼筆者 橋本 彰美甫.	AUG.27. 1959 RINROKAKU
5	孝經諺解	1895 1894. 12.27 - 1895. 2.16	TK818 / 4420 990049046 080203941	橋本彰美 Hashimoto, Shōbi	한글필사본 1책 17*25cm 필사기:明治28년2월16일 橋本彰美誌 『재간교린수지』필사본 과 같은 크기, 같은 재질의 종이	AUG.27. 1959 RINROKAKU
6	中山望月 傳 : 一名 兎碩士傳	1895. 2.17.- 19.	TK5973.5 / 5207 990079805 490203941	橋本彰美 Kyobon Ch'angmi	한글필사본 1책 17*24.5cm 필사기: 明治28년 橋本彰美誌	AUG.27. 1959 RINROKAKU
7	심청전 별쥬부젼	1896. 2.10. - 1897. 10.15.	TK5973.5 / 5622.6 990079362 070203941	橋本彰美 Kyobon Ch'angmi	한글필사본 1책 19.2*23.3cm 필사기: 丁酉冬十月望日謄寫全羅 道南平鳳凰山麓望美樓下 寓蘇洲橋本彰美執筆. 별쥬부젼 합철 [橋本彰美之印]주문방인	AUG.27.1959 RINROKAKU
8	別春香傳 : 一名成 氏婦人烈 女錄	1897. 11.7	TK5973.5 / 5622.6 990079792 870203941	유양근 필사 (10.10.) 橋本彰美 교열(11.7)	한글필사본 1책 12.8*23.3cm [南平] [望美樓]	AUG.27. 1959 RINROKAKU
9	興甫傳	1897. 10.10- 11.5. 필집 11.20 교열	TK5973.5 / 7852 990079793 100203941	橋本彰美 Kyobon Ch'angmi	한글필사본 1책 14*23.4cm 표지안쪽 필사기 계축6.21. 김행길 책 빌 려 정유11.5.필집 정유1897.10.10.-11.5.필 집 / 11.20교열 책주 橋本蘇洲	AUG.27. 1959 RINROKAKU
10	劉生傳	1898. 1.7.	TK5973.5 / 7252 990079790 710203941	橋本彰美 Kyobon Ch'angmi	한문소설 필사본 1책 14*24cm 한문 구결. 장서인 [橋本彰美之印]주문방인	JUL17. 1959 RINROKAKU

11	표제 : 陳 大方傳 권수제:진 大方전	1896. 1.27 / 1898. 4.3.	TK5973.5 / 1540 990079334 650203941	金士集 필사(원본) 橋本彰美 Kyobon Ch'angmi (蘇洲喬明郎)	국한 혼용 필사본 1책 13.8*23.4 筆寫記:戊戌(1898) 四月 初三日 在南平 日東散史 執筆. 墨書: 元本丙申(1896) 正月二十七日金士集 書 하노라, 장서인 [橋本彰美之印]주문방인	JUL17. 1959 RINROKAKU
12	秋風感別 曲:回神 曲 明聖經	1898. 5.13.	TK5973.3 / 2776 990079277 430203941	橋本彰美 Kyobon Ch'angmi	필사본 1책 14.3 *24cm 戊戌夏五月十三日, 霖雨 連三日, 石榴花如燃, 杏樹 實似黃玉之候. 於全羅道 南平客舍執筆.	AUG.27. 1959 RINROKAKU
	빅구사				1.5장	
	츈연곡				1.5장	
	열두제왕 회신곡				15장	
	명성경(한 자)	1898. 5.27.			상권11장 하권5장 구결 있음 筆寫記: 戊戌夏五月 二十七日 全羅道南平望美 樓下寓日東橋本蘇洲執筆.	
13	朴氏傳	1899. 9.30.	TK5973.3 / 4372 990079793 260203941	橋本彰美 Kyobon Ch'angmi	한글필사본 13.8*24.4 1897.11.28. 이채승이 필 사한 것 빌려 1899.9. 그믐 필사 완료 희무대타령 합철 2엽	JUL17. 1959 RINROKAKU
	희무대타 령	1899			국한문 혼용 2엽 13.8*24.4 9월 초순 필사 [橋本彰美之印]주문방인	

14	閔時榮傳	1899. 12.5.– 12.8.	TK 5973.5 / 7269 990079793 110203941	日東遊客不 染居士[47] (橋本蘇洲)	필사본 1면12행, 1행23-26자 국한문 혼용 박화윤이 9월 29일 필사 한 것을 빌려 일동유객 (橋本蘇洲)이 12월 5일부 터 8일까지 필사	JUL17. 1959 RINROKAKU
	퇴계선상 지로가	1899. 12.9.			이어서 붙어 있음	
	歷代歌	1901. 8.10.			이어서 붙어 있음 신축(1901) 8월 10일 병 중 필사 현전유일본	
15	陳大邦傳	1900. 2.12.	5973.5 / 1540.2 990079334 690203941	橋本彰美 Kyobon Ch'angmi	한글필사본 19.8*22cm 표제는 '陳大邦傳 李進士 傳 合符' 筆寫記: 陳大邦傳 - 庚子(1900)二月十二日 李進士傳 - 庚子(1900)二月二十四 日 日本國橋本蘇洲/일 본국 교본소쥬 등셔	AUG.27. 1959 RINROKAKU
	李進士傳	1900. 2.24.			墨書: 본칙은 경린(1890) 이월쵸육일 석괴石橋강 셔방 근셔 庚子去庚寅卽十年也 장서인 [橋本彰美之印]주문방인	
16	玉丹春傳	1900. 3. 21.	TK 5973.5 / 1375 990079334 550203941	橋本彰美 Kyobon Ch'angmi	한글필사본 1책 19.8*22cm 필사시기 1900.3.21. / cf. 1896년 12월1일 필봉 南平:[s.n.], 庚子[1900]	AUG.27. 1959 RINROKAKU

17	牧忠孝傳	1900. 3. 24.- ?	TK 5973.5 / 5552 990079750 910203941	橋本彰美 Kyobon Ch'angmi	한글필사본 1책 20*22cm 해제집에는 필사자 미상으로 되어 있음 표지 개장. 종이 덧댐 庚子三月二十四日始騰 권말 : 평양기홍도낭군전샹셔(平壤妓紅桃郎君前上書) 1장 있음	JUL17. 1959 RINROKAKU
	평양기홍도 낭군전 샹셔					
18	韓語類聚	1900	TK 5973.08 / 6091 990079677 190203941	橋本彰美 Kyobon Ch'angmi	한글필사본 18 * 18.5cm 표지 '庚子至月 念日' 1900. 11. 20일(음력) 필사 시작한 것으로 보임	
19	韓文論說	1900. 12.14. ?	TK 5973.6 / 4000 990079593 330203941	橋本彰美 Kyobon Ch'angmi	국한혼용 필사본 한말의 제반 논설을 모은 자료 16.3*19.8cm 표지 '庚子臘月十四日始騰' 1900. 12. 14일(음력) 필사 시작 [小泉]주문방인	AUG.27. 1959 RINROKAKU
20	大韓詩集	1901. 8.15.	TK 5973.3 / 4402 990079208 620203941	橋本彰美 Kyobon Ch'angmi	한문 필사본 16.3*19.8cm 1901년8월15일종필 南平 : 烏山 望美樓 권말 필사기: 辛丑秋八月十五日終筆 烏山望美樓下 橋本蘇洲騰書. [小泉]주문방인	AUG.27. 1959 RINROKAKU
21	千字文 音解	1901. 8.21.	TK 5973.08 / 2330 990079664 060203941	橋本彰美 Kyobon Ch'angmi	국한혼용 필사본 16*20cm 천자문음해뒤에 부록 2종 (千六集所載 진미고진탕 등 12편, 動症眞言)필사기 :辛丑秋八月二十一日筆終	AUG.27. 1959 RINROKAKU

22	新撰 日韓會話	1904. 6.11.- 26	TK 5973.08 / 3484 990079676 890203941	橋本彰美 Hashimoto, Shōbi 橋本貞造	필사본 91엽 15.8*23cm 권두 우측 필사: 元山에서 6월 11일부터 시작, 6월11일-26일까지 필사 筆寫記: 권수 '朝鮮洪奭鉉著,日本橋本貞造譯, 李範益校閱' 권말 '明治三十七年(1904)六月二十六日駐箚軍司令部大野參謀ニ隨行シテ元山ニ滯在中譯謄ス 陸軍通譯 橋本貞造 [小泉]주문방인	AUG.27. 1959 RINROKAKU
23	韓語敎程	1906. 4.5.- 6.	TK5973.8 / 4042 990079676 900203941	橋本彰美 Hasimoto Syoyosi	필사본 1책 明治三十九年四月五日夜十時四十分始作 六日午前二時卅五分謄書了 於京城南學洞 營門橋本蘇洲 [小泉]주문방인	AUG.27. 1959 RINROKAKU
24	扶桑日記	1917	3487.6 / 4816 990050771 280203941	今西龜滿太 1913 小泉貞造	1책 26cm 필사본 今西龜滿太 1913 필사한 것을 다시 필사	JUL17. 1959 RINROKAKU

---

45 심청가와 오류가가 합철되어 있으나 각각 다른 시가이므로 분리하여 표제를 삼았다.

46 하버드대학의 온라인 도서 목록인 HOLLIS에는 '雨森芳洲 Ms. by 浦瀨彰美'라고 되어 있는데, 착오인 것으로 보이며, 필사자인 橋本彰美(또는 小泉貞造)로 수정하는 것이 맞다.

47 HOLLIS '不梁居士'로 되어 있는데, '不染居士'로 수정해야 한다.

4.3.1. 제1기(23세(1893년)- , 부산 체재 시절, 하시모토 아키요시 [橋本彰美])

1893년 8월에 유학생의 신분으로 조선에 들어온 고이즈미 데이조는 부산에서 거주하면서 한국의 아동들을 가르치며 한어(韓語), 즉 한국어를 배우기 시작했다. 그가 쓴 책의 필사기를 참고하면, 이 시기에 그는 주로 초량 왜관에서 거주했던 것으로 보이며, 하시모토 아키요시[橋本彰美]라는 이름을 사용하고 있었다.

▎1 유리국심씨전(琉璃國沈氏傳): 심천가 겸 오륜가 (1894.3.13-14 필사)

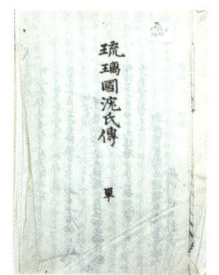 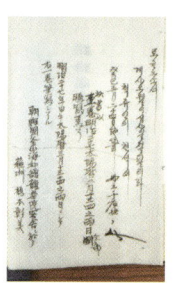 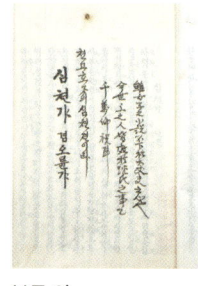 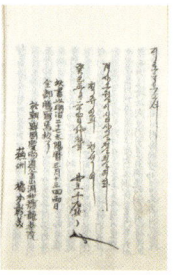

『유리국심씨전』 표지   필사기 연습   본문 앞   필사기

고이즈미는 한국어를 배우면서 소설류를 많이 필사하였는데, 그 가운데 가장 먼저 필사한 것이 『유리국심씨전』이다. 국문 제목은 '심천가 겸 오륜가'이다. 조선 후기 판소리계 고전소설인 『심천가』를 앞에 싣고, 오륜을 주제로 한 '오륜가'를 덧붙였다. 표지는 본문과 같은 얇은 화지

『유리국심씨전』 뒷표지

로 몇 장이 겹쳐져 있으며, 두 개의 종이
끈으로 4침 편철하였다. 표지 안쪽에 본
문 없이 '계사(1893) 오월이십일졀필리
라 칙쥬인의 천석여'로 시작하는 원 소
장자의 필사기가 있고, 그 다음 장에 '심
천가 단곤'이라는 제목으로 연습한 것으

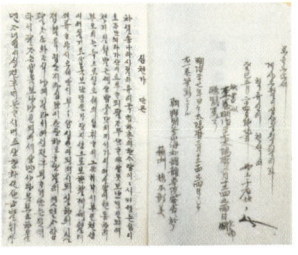

본문 시작

로 보이는 쓰다 만 본문이 3장 있다. 한 장 건너 '雖女子之小說, 不於大丈
夫之心也, 今世上之人, 皆效於沈氏之事乙, 千萬仰祝耳(비록 여자의 소설일지
라도 대장부의 마음에 못지 않으니 이제 세상 사람들은 모두 심씨의 일을 본받아 천
만 앙축하여야 한다). 천고호즈(千叩呼者)의 심천전이라 심천가 겸오륜가'
라고 쓴 묵서가 있다. 여기서 '천고호자'란 '천 번을 두드려 부르는 사람'
이라는 의미이다. 이는 매우 간절히 부르짖거나 도움을 청하는 사람을
가리키는 표현인데, 『심청전』에서 '천고호자'는 심청의 아버지인 심봉

사를 뜻한다. 심봉사가 딸을 잃고 천 번을 하늘에 대고 부르짖으며 딸을 찾는 간절한 마음을 표현한 것이다. 또 한 장 비우고 '심천가 단곤'이라 는 제목으로 본문이 시작되는데 모두 64장이다. 이어 '오윤가라'는 제목 으로 '부싱모육ᄒᆞ여 이닉몸 슴긔시니'로 시작하는 '오륜가'가 10장이 실 려 있고, 그 마지막 장에 아래와 같은 필사기가 있다.

> 메이지27년(1894년, 고종31) 갑오 양력 3월 13, 14 양일에 앞의 1권 필 사를 끝마쳤다. 조선국 부산해 왜관 용화원 객사에서 쇼슈 하시모토 아키요시

> 明治二十七年甲午太陽曆三月十三十四之兩日シレテ右一卷筆寫レ了ル 朝鮮国 釜山海和舘龍華院客舍於テ 蘇洲 橋本彰美.

　그는 부산 왜관의 용화원[48] 객사에서 1894년 3월 13일, 14일 양일에 걸쳐 책 주인인 천석여가 계사년(1893년)에 필사한 책을 빌려 다시 필 사한 것으로 보인다.『동션기(洞仙記)』의 필사기에도 등장하는 그의 절 친 천석여는 난고(蘭皐) 천상하(千象河)이다. 그가 쓴『재간 교린수지』 의 '환발일언(換跋一言)'에 의하면, 부산에 온 고이즈미에게 한국의 아이 들을 가르치는 일을 주선하기도 하였으며 1894년 당시 절친으로서 서 로에게 도움을 주는 사이였던 것으로 보인다. 허경진(2001:25)에서는 그

48　위치로 보아, 현재 행정구역상 경상북도 칠곡군 약목면 남계리에 있는 태고종 사 찰인 용화사를 말하는 것으로 보인다. [출처] 한국학중앙연구원 - 향토문화전자대전

를 몰락 양반으로 보았으나,『승정원일기』,『각사등록』 등에 보이는 천상하는 1903-1904년에 평안북도 관찰부 총순(總巡), 1908년에는 평안남도 맹산(孟山) 군수, 1909-1910년에는 평안남도 성천(成川) 군수를 지낸 인물로, 주로 평안도에서 활동한 인물이다. 1894년(고종 31) 갑오경장 때 신식 경찰제도가 실시되었는데, 총순은 경찰 관직의 하나이다.『동선기(洞仙記)』의 필사기에는 그가 1891년에 원산(元山)에서도 체재했음을 보여 준다. 현재는 강원도에 속한 원산은 본래 행정구역상 함경남도에 속해 있었는데 1880년 개항하여 조선 상업의 중심지로 떠올랐다. 천상하는 1916년경 평양 지역에 분포하던 한상(韓商)의 명단에도 이름이 보이는데, 도선업자(渡船業者)로 활동한 기록이 있다(유승렬(1996:51) 참조). 1936년 3월 6일자 〈조선중앙일보〉의 인사 동정란에 서평양발로 '地主 千氏의 頌德碑'라는 기사가 있는데, 당시 700원(현재 화폐 가치로 환산하면 약 3천만 원 정도)을 들여 송덕비를 세운다는 내용이다. 기사 내용으로 짐작컨대, 일제 강점기에 그 정도의 송덕비를 세워 줄 정도였다면 친일파였을 가능성이 크다. 절친인 고이즈미 데이조의 도움으로 공직에 나갔을 가능성도 배제할 수 없다.

2 동선기(洞仙記): 1894.9.6.–9.10. 필사

『동선기(洞仙記)』는 중국 송나라 때 서문적(西門勣)과 항주의 기생 동선(洞仙)과의 사랑 및 동선의 희생을 주제로 한 조선 후기 소설이다. 원저자와 저작 시기는 알 수 없다. 권말에는 고이즈미가 쓴 '환발일언(煥跋一言)'이 있는데, 그의 절친한 친구인 난고(蘭皐) 천상하(千象河)가

1891년(고종 28) 12월 10일 원산(元山)의 여관에서 필사를 마친 것을, 부산 선동(仙洞)에 있는 왜관에서 1894년 9월 6일 필사를 시작하여 9월 10일에 마쳤다는 내용이다.

본서의 끝부분에 "신묘년(1891) 12월 11일에 필사를 마쳤다. 책 주인 천석여가 원산 여관 등불 아래서 베껴 쓰다"라고 했는데, 나는 지금 9월 6일 저녁에 쓰기를 시작해서 10일에 마쳤다. 우리 일본제국의 충성과 용맹이 절륜한 비휴(貔貅)[49] 같은 군사들이 멀리서 수천리 연파를 건너 항해하여 한국에 와서, 애친각라씨(愛親覺羅氏, 청나라)의 암퇘지 꼬리같이 연약한 군사들을 성환·아산역에서 격파해 크게 승리를 거둔 뒤이며, 평양의 승리와 북경을 쳤다는 쾌보를 아직 받기 전이다. 해는 갑오년(1894)이고, 연호는 메이지[明治]가 시작된 지 27년이다. 필사자는 쿄우메이쿄 쇼슈 하시모토 아키요시 산사인데, 동래부 부산 선동 왜관의 여관에서 썼다. 석여는 이름이 상하, 호는 난고이며, 나와 아주 가까운 벗이다. 갑오년(1894)부터 신묘년(1891)까지 실로 4년이 흘렀으며, 나는 양력을 사용하는 사람이다. (구두점 및 번역은 필자, 이하동일)

本書之結末曰, "辛卯拾貳月旬壹日絕筆. 冊主千石汝, 元山旅燈寫書云" 余今筆起於九月六日晚景, 絕於十日矣. 實我日本帝國忠勇絕倫之貔貅, 遠航烟波數千里, 而來韓山, 擊愛親覺羅氏之慈姑的豚尾軟兵, 于成歡牙山之驛, 大獲勝之後

---

49 비휴(貔貅)는 고대 중국 서적과 민속신화 및 전설에 나오는 사나운 짐승의 일종이다. 용, 봉황, 거북, 기린과 함께 다섯 가지 상서로운 짐승에 속한다.

也, 而未接平壤一勝衝北京之快報之時矣. 太歲在甲午, 年號明治經數卄又七, 而筆之者, 乃喬明鄕蘇洲橋本彰美散史, 於蓬萊府釜山仙洞和館之逆旅矣. 石汝名象河, 號蘭皐, 我絕親之友也. 甲午乃至辛卯, 實四春秋, 而我月用陽曆者也.

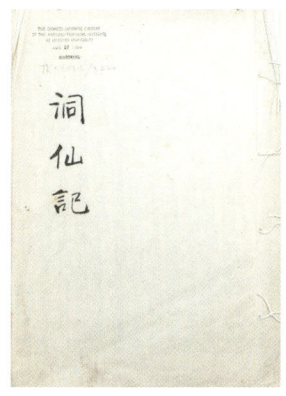

『동선기』 표지

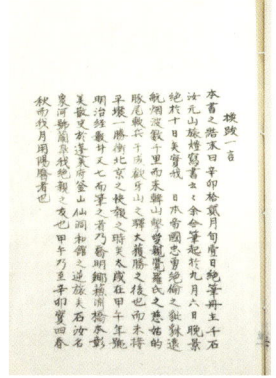

『洞仙記』 발문

여기서 애친각라씨(愛親覺羅氏)는 만주족 애친각라(愛親覺羅:Aisin Gioro)씨가 세운 왕조인 청나라를 의미한다. 이 글은 청일 전쟁 발발 후 약 2개월이 되어가는 시점에 쓴 글이다. 청일 전쟁을 전후하여 일본인들이 여러 가지 목적으로 조선에 대거 몰려들기 시작하는데, 고이즈미 데이조도 그 사람들 중 하나였다.

고이즈미 데이조가 필사한 『동선기』는 한글이 없는 한문본으로, 『동선기』는 현재 한문본, 국문본, 한문 현토(懸吐)본 등 총 10종의 이본이 전하는 것으로 알려져 있다.[50] 1913년에 신구서림에서 24회 장회체(章

---

50 한의숭(2012), 慶北大本〈洞仙記〉해제 및 원문, 동방학, 25, 323-369 참고.

回體)의 국문 활자본이 간행되었다는 기록, 1915년에 박문서관에서 '동선화(洞仙花)'라는 제명의 국문 활자본이 간행되었다는 기록이 있으나 모두 실물을 확인할 수 없다.

3 사시사친가(四時事(思)親歌), 금부가(琴賦歌): 1894.9.16.–11.6. 사이에 필사

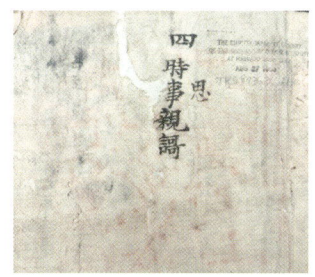
사시사친가 표지

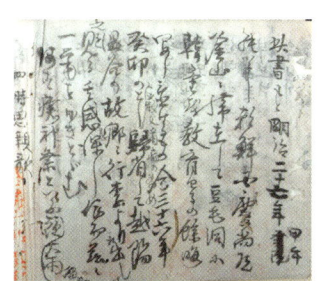
표지 안쪽 필사기

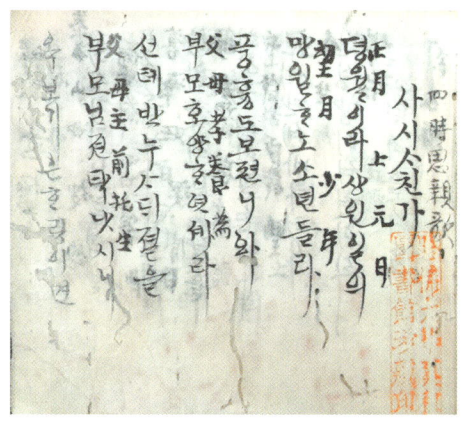
본문 시작

〈사시사친가〉는 부모를 그리며 그린 시가이다. 표지 서명은 〈사시사친가(四時思(事)親歌)〉이다. 표지에는 '四時事親歌'라고 쓰고, '事'자 옆에 '思'를 써 놓았다. 누군가 나중에 쓴 것으로 보이는데, '항상 부모를 섬기는 노래'라는 뜻의 '四時事親歌'가 맞다. 〈사시사친가〉의 본문은 모두 56장이고, 뒷부분에 미완(未完)의 〈금부가(琴賦歌)〉 6장 실려 있다. 이 책의 표지 안쪽에 필사기가 복잡하게 묵서로 적혀있는데, 내용은 아래와 같다.

이 책은 원래 메이지 27년, 갑오년(1894년)에 조선국 경상도 부산에 머무르며 두모동(豆毛洞)[51]에서 한국 아이들을 가르치던 여가에 써 두었던 것이다. 지금은 메이지 36년, 계묘년(1903년)으로, 엄부(嚴父)를 간병하기 위해 고향인 월양(越陽) 온곡(溫谷)[52]으로 돌아와 짐 속에서 꺼내어 보니 그 감회가 매우 깊다. 이에 몇몇 부분에 한 자 써서 덧붙인다. 양춘(陽春, 음력 정월) 창신제(瘡神祭)[53]라 한다. 큰비 내리고 우레가

---

51 두모동은 초량으로 왜관이 옮겨지기 전, 구(舊) 왜관이 있던 곳이다.

52 월양(越陽)은 후쿠이(福井)의 옛 지명인 에치젠(越前)을 말하며, 온곡(溫谷)은 후쿠이에 가미누쿠다니(上溫谷)라는 지명이 남아 있는데 이곳을 말하는 것 같다. 고이즈미 데이조는 福井縣 南條郡 王子保村 塚原에서 출생했다.

53 창신제(瘡神祭)는 일본의 전통적인 민속신앙과 관련된 행사로, 창신은 종기나 피부병을 다스리는 신으로 여겨졌다. 창신제는 피부 질환을 예방하거나 치유하기 위해 지내는 제로, 피부병을 신에게 빌어 없애거나 막기 위해 진행되었다. 창신제는 주로 일본의 특정 지역에서 전통적으로 치러졌으며, 창신을 달래고 제사를 지내면 피부병이 낫는다고 믿었다. 양춘 창신제는 봄철에 이러한 창신에게 제사를 지내며 피부 질환을 예방하거나 치료하기 위한 의식을 치르는 것을 말하는 것으로 보인다.

치는 밤이다.

此書, もと明治二十七年甲午のとし, 朝鮮國慶尙道釜山に滯在して豆毛洞に韓
童を教育せるの餘暇写し置けるもの, 今三十六年癸卯のとし, 嚴父看病の爲め
歸省して越陽溫谷の故鄕に行李より取出して之を見る, 其感甚深し. 依而節々
一筆をかきとゞむ. 陽春瘡神祭といふ. 大雨雷鳴の夜.

초서와 일본어가 섞여 있고 잘 안 보이는 글씨가 있지만, 요약하면 경
상도 부산에 체재하다가 두모동에서 한국 아이들을 가르치면서 여가에
이 책을 베꼈는데, 10년 후 부친의 병간호를 위해 고향에 갔을 때 이 책
을 짐 보따리에서 꺼내 읽었다는 내용이다. 부모를 그리는 시가인 〈사
시사친가〉를 부친의 병간호를 하며 읽었으니 감개가 무량하였을 것이
다. 『재간교린수지』의 필사기에서 한국 아동을 가르친 기간이 9월 16일
부터 11월 6일까지라고 되어 있으므로, 이 책의 필사는 『재간교린수지』
보다 먼저 이루어진 것으로 추정한다.

〈사시사친가〉 뒤에 붙어있는 〈금부가〉는 총 여섯 장인데, 맨 뒷장에
'未完'이라고 적혀 있어서 전체를 필사한 것이 아니다. 〈금부가〉는 조선
후기에 지어진 작자·연대 미상의 가사이다. 〈금보가(琴譜歌)〉라고도 하
며, 『속기아(續箕雅)』 및 『장편가집(長篇歌集)』에 실려 있다고 한다.[54]

---

54 한국민족문화대백과사전 〈금보가〉 항목 참고. https://encykorea.aks.ac.kr/Article/
E0007770

4 재간교린수지(再刊交隣須知 : 필사본): 1894.9.15.–12.14. 필사

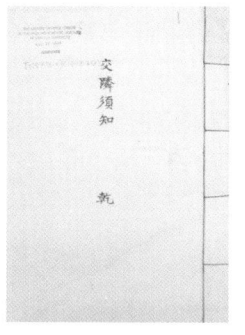
『재간교린수지』 표지

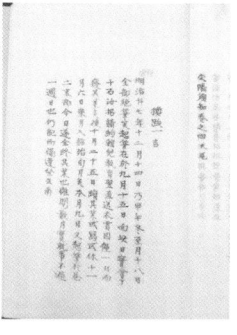
권말 발문

필사자

　이 책은 고이즈미 데이조가 소장하고 있던 연활자본『재간교린수지』
를 그 자신이 다시 필사한 것이다. 건(乾)·곤(坤)의 2책으로 이루어졌으
며, 얇은 화지(和紙)에 붓으로 썼다. 19세기 말에 사용된 일본의 여느 한
어 학습서들과 같이, 표지도 같은 종이로 사용하였고 가느다란 실로 제
본하였다. 매우 해정(楷正)한 글씨로 내용을 필사하였으며 장서인은 없
으나 제2책 권말에 쓰인 '환발일언(換跋一言)'을 통하여 이 책의 소장자
와 필사자를 알 수 있다.

　메이지 27년(1894) 12월 14일, 곧 갑오년 동짓달 18일 전부 필사를 끝
냈다. 필사는 9월 15일에 시작하였는데 이날 천석여의 집에서 만나
한국 아이를 교육시키기로 초청받고, 다음날 옷과 책을 바로 보냈으
니, 겨우 하루만에 그 일(필사)을 그만둔 것이다. 그 후 10월 25일부터
그 일(필사)을 계속하였는데 하다 말다 했다. 11월 6일 달밤에 (한국 아
이 교육을 마치고) 관(館)에 들어왔으니, 거의 한 달이 되었다. 이달 9일

에 또 권2 끝부분에서 필사를 시작하여, 오늘 드디어 그 일을 모두 마쳤다. 비록 몇 달 동안 보기는 했지만, 실제로 일한 것은 일주일에 지나지 않는다. 이에 기록하여 잊어버릴 것에 대비할 뿐이다.

明治十七年十二月十四日, 乃甲午冬至月十八日, 全部絕筆矣. 起筆在於九月十五日 而此日實會于千石汝招請約韓兒教育, 翌直送衣書, 因僅一日而廢其業矣. 後十月二十五日, 續其業或寫或休. 十一月六日, 乘月入館, 殆旬月矣. 本月九日, 又起筆於卷二末部, 今日遂全終其業也. 雖閱數月, 實就事不過一週日也. 仍記而備遺望云爾.

즉 1894년 9월 15일에 시작한 필사 작업이 12월 14일에 끝난 것인데, 이어서 필사한 것이 아니라, 한국 아동을 가르치는 일을 하느라 모두 합해 일주일 정도의 작업이었다고 기록하고 있다. 그가 초량 왜관에 머물다가 두모동으로 가서(『재간교린수지』 필사기에 의함) 한국 아동을 가르치는 일을 했고, 그 여가에 이 책을 일부 필사한 후, 왜관으로 돌아와 마무리한 것임을 기록한 것이다. 그 뒷장에는 '冊主兼筆者 橋本彰美甫'라는 필사자의 이름을 썼다.

5 효경언해(孝經諺解): 1894.12.27.–1895.2.16. 필사

이 책은 『효경언해』를 필사한 것이다. 고이즈미의 필사본 『효경언해』는 『재간교린수지』 필사본과 같은 크기, 같은 재질의 종이를 사용했다. 하버드 대학에서 온라인상으로 제공하는 책의 이미지는, 종이가 얇아

뒷장이 비칠까 봐 흰 종이를 대고 촬영하는 바람에 마치 본문을 오려 붙인 것처럼 보이지만, 실물을 보면 그렇지 않다. 필사자는『효경언해』의 원문과 언해문을 모두 필사하면서 한자음은 원문 한자의 오른쪽에 적어 놓았다.

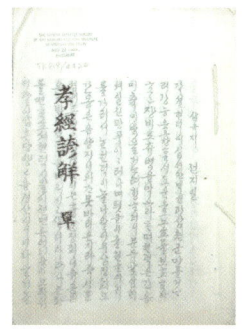

『효경언해』표지

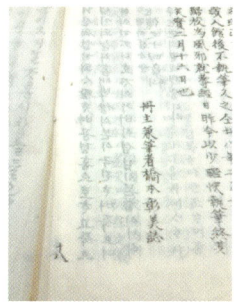

책주

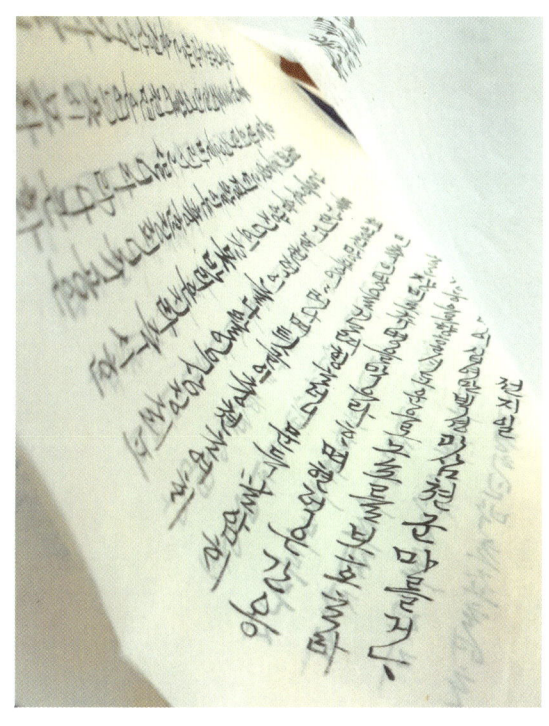

표제지 안쪽『삼국지』필사

표제지 안쪽에는 필사 연습을 한 것으로 보이는『삼국지』권지일이 여분의 종이로 들어가 있어서 비쳐 보이는 것도 특이하다[그림 39]. 권말에 책주 겸 필사자의 필사기가 남아 있는데 아래와 같다.

효경언해 1권. 원래 이 책은 김성원의 아들인 정형의 책이다. 내가 빌려 메이지 27년(1894) 12월 27일에 필사를 시작하였는데, 다음날 중단하고 해가 바뀌어 왜관에 들어간 후 오랫동안 붓을 못 잡았다. 메이지 28년(1895) 2월 7일에 다시 학교로 돌아왔지만 감기 때문에 효경을 전보다 조금 더 가볍고 빠르게 붓을 잡아 작업을 끝냈다. 실제로는 2월 16일이다. 이 책의 주인 겸 필자인 하시모토 아키요시가 기록하다.

孝經諺解一卷. 元本金聲遠之子定瀅之冊也. 予借而寫之明治廿七年(1894)十二月廿七日起筆, 翌日廢業, 以換歲入館後, 不執筆久之. 仝廿八年(1895)二月七日予雖再歸校, 爲風邪就孝經日昨今以少輕快執筆, 終其業矣. 實二月十六日也. 冊主兼筆者 橋本彰美誌

이 기록을 통하여 고이즈미 데이조가 왜관에서 돌아와 한국 아동 교육을 하고 있던 두모동(초량 왜관으로 옮기기 전 구(舊)왜관이 있던 곳)의 학교로 복귀한 것을 알 수 있다. 이 책과 거의 같은 시기에 필사한『등산망월전』의 필사기에 '조선구(왜)관 일본서당에서(於朝鮮旧館日本書堂)'라는 문구가 있으므로 그는 두모동에 있는 구(舊) 왜관 내 어딘가에 있었던 일본서당(학교)에서 한국 아동들을 교육한 것으로 보인다. 그가 필사한 책의 원본은 김성원(金聲遠)의 아들이 가지고 있었던 책이라 하였는데, 김성원에 대해 찾아보면, 〈대한매일신보〉 1907년 1월 8일자에 '釜山敎育會支會長金聲遠氏가 學校設立ᄒ기에 熱心으로 紙貨三百圜을 先創贊成ᄒ고'라는 기사가 있어, 부산 교육계에서 활동했던 인물로 보인다.

『효경언해』는 조선 선조 때 홍문관(弘文館)에서『효경대의(孝經大義)』

의 본문에 한글로 구결(口訣)을 달고 언해한 초학서의 하나이다. 활자본, 목판본, 필사본이 함께 전한다.[55] 『효경언해』의 언해문은 주희의 『효경간오(孝經刊誤)』 본문만을 대상으로 한 것이다. 가장 이른 시기의 것이면서 많이 알려진 간본이 일본 존경각 소장 장운익(張雲翼) 내사본(內賜本)이다. 을해자체경서자본이며 『효경대의』와 합본 1책으로 된 것이다. 언해의 구성은 경1장과 전14장의 본문만을 대상으로 하고 그 대의와 주석은 모두 생략하고 있다. 언해 방식은 경(經)과 전(典)의 본문에 한글로 독음과 구결을 달고 이어 언해문을 실었다(옥영정 2012:81).[56] 고이즈미가 필사한 『효경언해』는 활자본 또는 이를 복각한 목판본을 보고 필사한 것으로 판단된다. 이지영(2012)에 따르면, 언해의 시작 부분

55　현재 일본 동경의 존경각(尊經閣)문고에 소장되어 있는 활자본의 내사기에 의하면, 1590년(선조 23)에 간행된 것으로 추정된다. 간행 경위는 유성룡(柳成龍, 1542-1607)의 발(跋)에 따르면 『효경(孝經)』의 가르침이 오랫동안 돌보아지지 않음을 탄식한 선조의 명령에 따라 『효경대의』와 함께 간행된 것이라고 한다. 언해는 『효경대의』를 그대로 번역한 것은 아니고, 『주자간오(朱子刊誤)』의 경(經) 1장과 전(傳) 14장의 본문만을 대상으로 하고 그 대의와 주석은 모두 생략하였다. 언해 방식은 경과 전의 본문에 한글로 독음과 구결을 달고 이어 언해문을 싣는 형식이다. 발문에서는 선조가 홍문관으로 하여금 언해하도록 하였다고 하나 언해의 양식과 책의 판식 등이 교정청의 『사서언해』와 같으므로 이 책도 교정청의 언해 사업의 일환으로 행해진 것으로 보인다. 후대의 이본들은 모두 이 활자본을 저본으로 하여 방점과 정서법 등만을 약간 손질한 것들이다. 『효경언해』의 이본에 대해서는 이재영(2007), 옥영정(2012) 참고. 『효경』은 최세진이 언해한 것이 있다는 기록이 있으나(『중종실록』90권, 중종 34년 5월 17일조), 전하지 않는다. 1590년 활자본의 발문에 그에 대한 언급이 없으므로 최세진의 『언해효경』을 참고한 것은 아닌 것 같다.

56　프랑스 국립도서관(BnF ; the Bibliothèque nationale de France)에도 활자본 『효경언해』가 전하는데, 확인해 보니 전술한 존경각 소장본과 같은 을해자체 경서자본이다.

에서『효경』의 내용을 요약하여 언해한, '어버이 잘 섬김을 孝ㅣ라 ᄒᆞ고 셩인이 밍ᄀᆞᄅᆞ신 글월을 經이라 ᄒᆞᄂᆞ니라'는 만력(萬曆) 18년(1590)의 내사기가 있는 만력본과 강희(康熙) 5년(1666)의 내사기가 있는 강희본 에만 있는 내용이다.

6 듕산망월젼(中山望月傳) 一名 兎碩士傳(토끼전): 1895.2.17.–19 필사

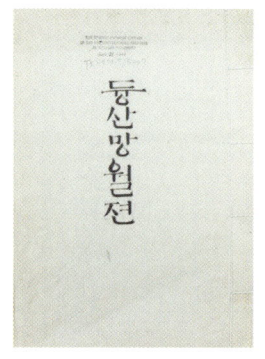

『듕산망월젼』표지

본문

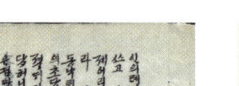

시가

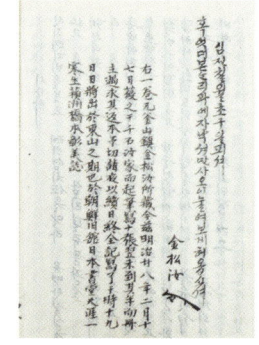

필사기

『듕산망월젼』은 『토끼젼』의 이칭이다. 표제는 '듕산망월젼'이고, 내제는 '즁산망월젼'이다. '一名 兎碩士傳'이라는 부제와 '별호는 즁산망월젼이요 명은 톡긔젼이라'는 묵서가 있다. 『듕산망월젼』은 모두 40장으로 끝나고, 그 뒤에 〈시가라〉라는 제목의 시가 1편이 한 장 붙어 있다. 권말에는 1892년(고종 29) 7월 9일 부산진에 사는 김송여(金松汝)가 필사한 것을 천석여의 집에서 얻어, 이를 대본으로 1895년 2월 17일부터 19일 새벽까지 필사했다는 '하시모토 아키요시'의 필사기가 있다.

> 앞의 한 책은 부산진 김송여가 가지고 있던 것인데, 메이지 28년(1895) 2월 17일에 천석여의 집에서 얻어 10장을 필사하였고, 다음날 그 반도 못 썼는데 우연히 그 책 주인을 만나 책을 돌려달라 하기에 내가 밤에 이어 읽겠다고 간청하여 하루 종일 베끼고, 19일 동이 틀 때가 되어서야 다 마쳤다. 조선 구(왜)관의 일본서당에서 천애한생 쇼슈 하시모토 아키요시가 기록한다.

> 右一卷元釜山鎭金松汝所藏, 今玆明治卄八年二月十七日, 獲之千石汝家, 而起筆寫十張, 翌未到其半, 而冊主遇求其返本, 予切請夜以續, 日終全記寫了, 于時十九日日將出於東山之期也. 於朝鮮旧館日本書堂 天涯一寒生 蘇洲橋本彰美誌.

―――

임진칠월초구일피셔

혹엇더본는리과에자낙셔만사오이눌여[57]보게허옵쇼셔

---

57 여기서 '눌여보다'는 '눌러보다'로 '앞뒤를 살펴보다'의 뜻으로 쓰였다. '누르다(壓)'

김송여(金松汝) [수결]

임진 칠월 초 9일 필서(畢書)
혹 얻어보는 이 가에 자(字) 낙서(落書) 많사오니 앞뒤를 살펴보게 하옵소서

　이 책을 빌려준 김송여(金松汝)는 1932년 조선총독부 직원록에 이름
이 올라 있는데, 조선총독부 직속기관인 철도국의 청진(淸津)출장소 신
회령역(新會寧驛)에서 서기 겸 역장(驛長)를 맡았던 인물이다. 이를 통해
고이즈미는 부산에 온 후 다양한 계층의 인사들과 교유하며 지냈음을
알 수 있다.
　뒤에 붙어 있는 〈시가〉를 옮겨 보면 다음과 같다.

　　시가라

　　인의례지 비을 뭇고 례의염치 쏘 틀 달라
　　공명안징 시을 쓰고 요슌우탕 차자갈 졔
　　아모리 결주풍파들 졔 어리할리
　　충신열사 만죠정허고 쇼자열여 가〃지라
　　우리도 화형졔보쳐자허고 엇진 임금임 모시고 동낙틔평허오리라
　　디장부 공경신퇴허여 임쳔의 초당짓고
　　노쇽 부려 밧갈이고 금쥰의 술 여허둣고

―――――
의 뜻에 '앞뒤를 살피다(按)'라는 뜻이 있다(박재연 편(2010), 『필사본 고어대사전』).

절디가인 졋튀 둣고 강구연월의 취혀여

남풍시 화답허니 와미도 듸장부 할 일 잇쑨이라

골윤산셕은 검마진이요 두망강슈은 음마갈이라

남이츌셰의 미형국이면 슈운후셰의 듸쟝부려고. (띄어쓰기는 필자)

이를 현대역하면 다음과 같다.

인의예지(仁義禮智) 배를 묻고(?) 예의염치(禮義廉恥) 또 틀 달라

공명안징(功名安澄) 시를 쓰고 요순우탕(堯舜禹湯) 성군을 찾아갈 때

아무리 배를 부수는 풍파인들 제 어이하리

충신열사(忠信烈士) 조정에 가득하고 효자열녀(孝子烈女) 집집마다 있도다

우리도 형제들과 화목하고 처자를 보호하고 어진 임금님 모시고 함께 태

평하리라

대장부 물러나 물가에 초당 짓고 노속(奴屬) 부려 밭 갈게 하고 금준(金樽)

에 술 넣어 두고

절대가인(絶代佳人) 곁에 두고 강구연월(康衢煙月)에 취하여

남풍시(南風詩)[58] 화답하니 와매(臥梅)도 대장부 할 일 이뿐이라

곤륜산((崑崙山)의 돌로 만든 검도 연마되고

---

58 남풍은 따뜻한 계절의 시작이나 풍요로움, 평화로움을 상징하기도 하며, 고대 중
국이나 한국의 문학에서는 이러한 남풍의 상징성을 바탕으로 한 시들이 많이 존재한
다. 특히, 남풍을 소재로 하여 따뜻한 기운이 사회에 퍼지기를 기원하는 내용이나, 왕
의 통치가 온화하고 평화롭기를 바라는 뜻을 담기도 했다.

두만강수(豆滿江水)는 소리가 점차 소진되어 사라져 간다

남의 출세(出世)에 미형국(美形局)이면 운을 닦아 후세에 대장부(大丈夫)

되려고.

이 시의 출전은 찾지 못하였는데, 이 시에 대해서는 아직 별도로 연구된 바가 없는 것으로 보인다. 이 시는 도덕적 덕목을 지키며, 어려움 속에서도 훌륭한 인물처럼 살아가기를 다짐하는 내용을 담고 있다. 가정과 사회의 화목, 성군을 섬기는 이상적인 삶을 꿈꾸고, 역경을 극복하며 도덕적으로 완성된 인격을 추구하는 대장부의 마음가짐을 표현하고 있다. 또 이 시의 표기는 남부 방언의 특징인 구개음화 현상을 반영하고 있는데, '효자'를 '쇼자'로 써서 'ㅎ 구개음화'를 보여주고 있고, '곁에'를 '졋틔'로 써서 'ㄱ 구개음화'를 보여준다.

4.2. 제2기(26세(1896년)-33세(1903년), 전남 나주 체재 시절, 하시모토 아키요시[橋本彰美])

고이즈미는 부산에서 전라도 남평(南平)으로 거주지를 옮겨 간다. 그의 필사기에 미루어 보면 1896년 2월경부터 그곳에 머물렀던 것으로 보인다. 남평은 전라남도 나주시(羅州市) 남평읍 일대의 지명이다. 전라도 나주는 비옥한 평야가 많아 고려시대 세곡을 보관·수송하던 조창이 있었고, 조선 초기 남부 지방세를 집결하는 곳이었으며, 일제 강점기에

일제의 수탈 현장이 되었던 곳 중의 하나이다. 일제가 조선 침략을 위해 준비하던 시기인 1896년부터 고이즈미 데이조는 부산으로부터 전라도 지방으로 이주하여 남평에 머물면서 각종 정보를 수집했던 것으로 보인다. 고려시대 수운의 발달로 형성된 영산포는 1897년 목포항 개항과 함께 전라남도의 경제 중심지 역할을 담당했다. 1910년 일제는 배가 드나들 수 있도록 개폐식 목교를 설치하고 1930년대에는 아예 철근콘크리트 다리를 설치했다. 영산포역과 직선으로 연결된 다리는 나주평야의 쌀을 보다 효과적으로 수탈해 가는 수단이 됐다. 일제강점기 나주의 인구는 14만 6000여 명. 그중 일본인은 3,400여 명에 달했다고 한다. 일본인은 영산포를 침략 교두보로 삼고 교육, 상업, 금융시설을 만들었다. 나주 영산포는 일제강점기엔 나주 쌀을 수탈하는 요충지였다. 오랜 시간 물류의 중심지였던 이곳에 1918년 조선식산은행이 설립되었다. 1970년대 영산강 하구언이 지어지고 배가 더 이상 드나들지 않게 되자 영산포는 포구로서의 역할을 잃었다.[59]

고이즈미 데이조는 1897년 목포항의 개항과 함께 일제강점기 전라남도의 경제 중심지 역할을 담당했던 남평, 즉 나주에 기거하면서 한가로이 떠도는 듯했으나, 그의 퇴임 기사에서도 알 수 있듯이, '계림팔도(조선)를 돌아다니며 각 지역의 상황을 철저히 탐문하고자(鷄林八道を跋渉して, 各地の情勢を探大いになすおらんとしたか)' 하는 목적으로 그곳에 간 것임이 틀림없다. 부산에서 굳이 연고도 없는 전라도 남평까지 갈 이

---

59 『경향신문』 2009.08.12.일자 경향닷컴 이윤정 기자 및 〈나주 영산포 홍어거리의 영산포역사갤러리〉 https://ncms.nculture.org/story-of-our-hometown/story/976 참조

유가 없었으므로 당시 일제의 조선 침략을 위한 치밀한 계획 속에서 움직인 것으로 생각한다.

7 심청전·별주부전(합철): 1896년 2월 10일-1897년 10월 15일 필사

가. 『심청전』 권지단

『심청젼』 표지

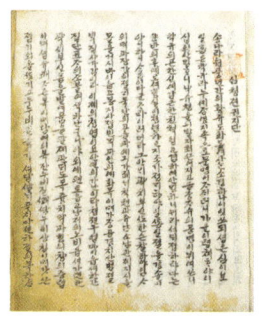
『심청젼』 본문

『심청젼』 필사기

이 책은 조선 후기 판소리계 고전소설인 『심청전』을 베낀 것이다. 소장본에는 아래와 같은 필사기가 묵서로 남아 있다.

병신년(1896년) 2월 10일

정유년(1897년) 10월 15일 베끼다

전라도 남평 봉황산 기슭 망미루 아래 숙소에서

쇼슈 하시모토 아키요시가 쓰다 (번역 필자)

丙申二月初十日

丁酉十月望日謄寫

全羅道南平鳳凰山麓望美樓下寓[60]

蘇洲橋本彰美執筆

　전라도 남평의 봉황산 기슭의 망미루[61] 아래 숙소에서 약 8개월에 걸쳐서 필사하였다는 내용이다. 이 책에는 『별쥬부전』이 합철되어 있다.

나. 『별주부전』(『심청전』합철)

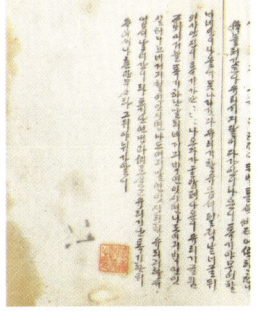 

『별쥬부젼』본문　　　　　　권말　　　　　　　　뒷표지

60　허경진(2001)에서는 '全羅道南平鳳凰山麓望美樓下寓'를 '全羅道南平鳳凰山鹿林望美樓下寓'로 잘못 읽었다.

61　1899년경(광무3)에 편찬된 『전라남도남평군읍지(全羅南道南平郡邑誌)』에는 누정(樓亭)에 대한 기사가 남아있는데, 전남 나주시 남평면, 당시 남평현이었던 이 고을의 누정으로 관정(官亭)은 서쪽에 사창, 현감 조재호가 지은 관문 서쪽 망미루(望美樓), 남쪽에는 관덕정(觀德亭)이 있었다고 한다. 북쪽은 광계정(光溪亭) 남당, 남쪽에는 운영당(雲影堂), 하향정(荷香亭) 등이 있었으며 현재는 남아 있지 않다. 위의 필사기에 보이는 망미루 역시 남아있지 않다.

이 책은 『심청전』에 합철된 『별쥬부전』이다. 토끼의 기지를 주제로 한 조선 후기 판소리계 소설로 저자나 저작연대는 알 수 없다. 이 책은 필사본으로 권말에 '橋本彰美之印[주문방인]'의 장서인이 있다. 별도의 필사기는 없고 합철된 『심청전』의 필사기로 미루어 보아, 이 책도 『심청전』과 같은 시기에 필사한 것으로 보인다.

8 별춘향전(別春香傳: 一名 成氏婦人烈女錄, 1897.11.7. 교열, 유양근 필사 1897.10.10.)

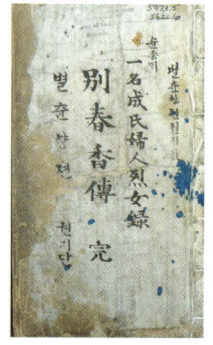 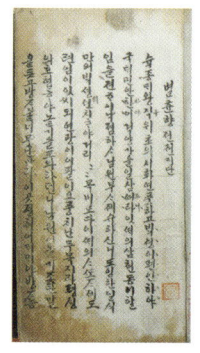 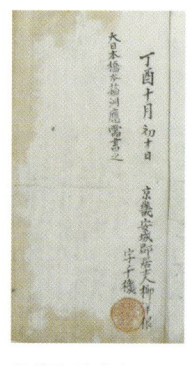 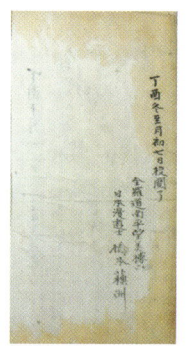

『별춘향전』 표지   본문 시작   유양근 필사기   橋本 교열기

이 책에는 필사기와 교열기가 남아 있어, 이 책의 필사 과정을 추론할 수 있다. 이 책의 뒷면에 '丁酉十月初十日, 京畿道安城郡居士人柳洋根, 字千機 大日本橋本蘇洲應需書之.(정유년(1897년) 10월 10일 경기도 안성군에 사는 선비 유양근, 자는 천기. 대일본 하시모토 쇼슈가 구하기에 응하여 쓰다)'라는 필사기가 있다. 그 뒤에 하시모토가 교열(校閱)한 교열기가 묵서로 쓰여 있는데 다음과 같다.

丁酉冬至月初七日校閱了

全羅道南平 望美樓

日本漫遊士 橋本蘇洲

정유년 동짓달 초칠일에 교열을 마치다

전라도 남평 망미루

일본의 한가로이 떠도는 선비 하시모토 쇼슈

　이를 통하여 고이즈미 데이조가 1897년 11월에도 전라도 남평에 있었다는 것을 알 수 있다. 그가 안성에 사는 유양근이라는 사람을 시켜 『별춘향전』을 필사하게 하고 그것을 자신이 교열하였다는 내용이다.

　『별춘향전』은 『춘향전』의 이본으로, 작가 및 창작 연대 미상의 국문소설이다. 본래 『춘향전』은 다양한 이본이 존재하는데, 그중에서도 판본은 크게 경판본(京版本)과 완판본(完版本), 안성판본(安城版本)으로 나뉜다. 영·호남 지역 필사본 『춘향전』의 이본 계통은 '별춘향전' 계열이 가장 풍부하다. 『춘향전』 이본을 '별춘향전, 남원고사, 옥중화' 계열로 구분한다면 '별춘향전' 계열이 대부분을 차지하고 있다. 영·호남 지역에는 '별춘향전' 계열이 21종이나 존재한다. 영남 지역에는 『춘향전』 6종, 『춘향가』, 『별춘향가』 2종 등의 9종, 호남 지역에는 『별춘향전』 3종, 『춘향전』 2종, 『춘향가』 6종, 『행열사라』 등의 12종이 각각 유통되었다. 이렇게 영·호남 지역에는 '별춘향전' 계열의 필사본 『춘향전』이 풍부한 실정이다(김재웅 : 2022 ; 34쪽 참조). 완판 30장본 『별춘향전(別春香傳)』이 33장본으로 확대되면서 '열녀춘향수절가'라는 새 표제가 붙게 되었는데, 이것이 다시 84장본으로 확대되어 전주 서계서포에서 '열녀 춘향수절가'라는 표제는 그대로 유지된 채 간행된 바 있다.

이 책은 필사본인데, 이상택(1998)의 『해외 수일본 한국고소설총서』에서 처음 국내에 소개된 이후 임성래(2007)에서 이 책의 특징 및 이본들과의 대조 연구가 이루어진 바 있다. 그가 베낀 『별춘향전』의 모본이 어떤 것인지는 확실하지 않으나 그가 이 작품을 교열하여 줄과 줄 사이에 첨삭한 것이 확인된다. 이 책의 모본은 '별춘향전'이라는 제목이 붙어있었을 가능성이 큰데, 『춘향전』의 이본 가운데 '별춘향전'이라는 제목을 가진 것은 완판 26장본과 29장본이 학계에 알려져 있다(임성래: 2007:31쪽 참조). 옌칭본은 이 완판본을 베끼기는 하였으나 이도령과 춘향의 만남을 광한루가 아닌 춘향의 집으로 설정하고 있다는 점에서 완판본과는 다른 특이한 성격을 가진 책이다.

9 흥보전(興甫傳): 1897.10.10.-11.5. 필사(김행길 1853년 필사), 11월 20일 교열

『흥보전』은 조선시대 작자 미상의 고전소설로, 판소리 '흥보가'가 바탕이 되어 만들어진 판소리계 소설이다. 불합리한 당시 세태를 비판하고 비꼬는 내용과 권선징악의 테마를 가지고 있다. 이 책의 표지 안쪽에는 묵서로 '흥보타령' '瓢歌', '朴打詠(박타령)'이라 적혀 있고, '橋本彰美之印', '小泉[주문방인]'의 장서인이 찍혀 있다. 필사기와 교열기가 아래와 같이 묵서로 쓰여 있다.

흥보타령이라

瓢歌 一名 朴打詠

癸丑六月二十一日 김횡길칙을본을받고

丁酉十一月初五日 필집유하노라

丁酉年十月十日 始騰(謄)

丁酉年冬至月二十日校閱了

칙쥬 교본소쥬라

칙즁도합오십일즁(五十正張)이라

『흥보전』표지

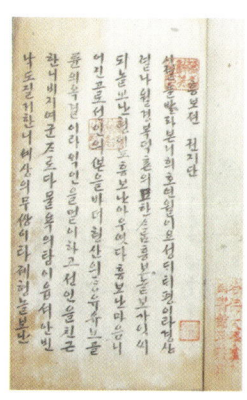
『흥보전』본문

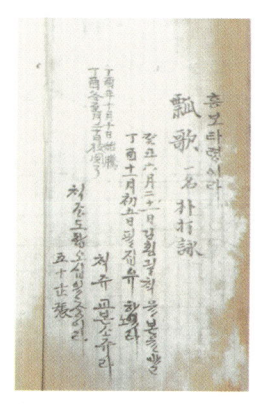
『흥보전』필사기

　계축년(1853년) 6월 21일에 김행길이 필사한 책을 대본으로 하여 정
유년(1897년) 10월 10일 필사를 시작하여 11월 5일에 끝낸 후, 11월
20일에 교열까지 마쳤다는 내용이다. 김행길이 어떤 사람인지 행적을
찾을 수는 없지만, 그가 나주에 머물던 시기에 교유한 인물이었던 것으
로 보인다.

10 유생전(劉生傳): 1898.1.7. 필사

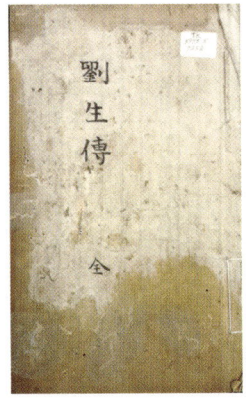 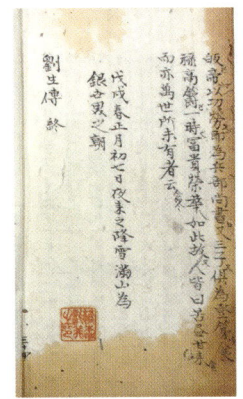

『유생전』 표지　　　　　　『유생전』 본문

『유생전』은 작자·연대 미상의 한문소설로 현존 유일본이다. 깨끗한 해서체로 필사되어 있으며, 구결로 현토되어 있다. 원[62] 무종황제 시절에 좌승상 유홍(劉弘)의 아들인 유정옥(劉正玉), 즉 유생과 방상서의 딸 방소저와의 혼인을 둘러싼 어려움과 유생의 국가에 대한 충성을 내용으로 하고 있다. 한글본으로 '뉴싱전이라', '유싱대전'이라는 제명의 작품이 있는데, '뉴싱젼이라'는 작품이 『유생전』과 내용상 친연성이 있다.[63] 『유생전』을 필사한 말미에 아래와 같은 필사기가 있다.

　무술년 정월 7일 밤새 만산에 눈이 내려 은세계가 된 아침에 유생전 마침

62　하버드도서관 해제집에는 '송나라' 때로 되어 있는데 원나라의 잘못이다.

63　한국민족문화대백과사전 '유생전' 항목. 임치균 집필 https://encykorea.aks.ac.kr/Article/E0041514 (2023년 8월 4일 검색)

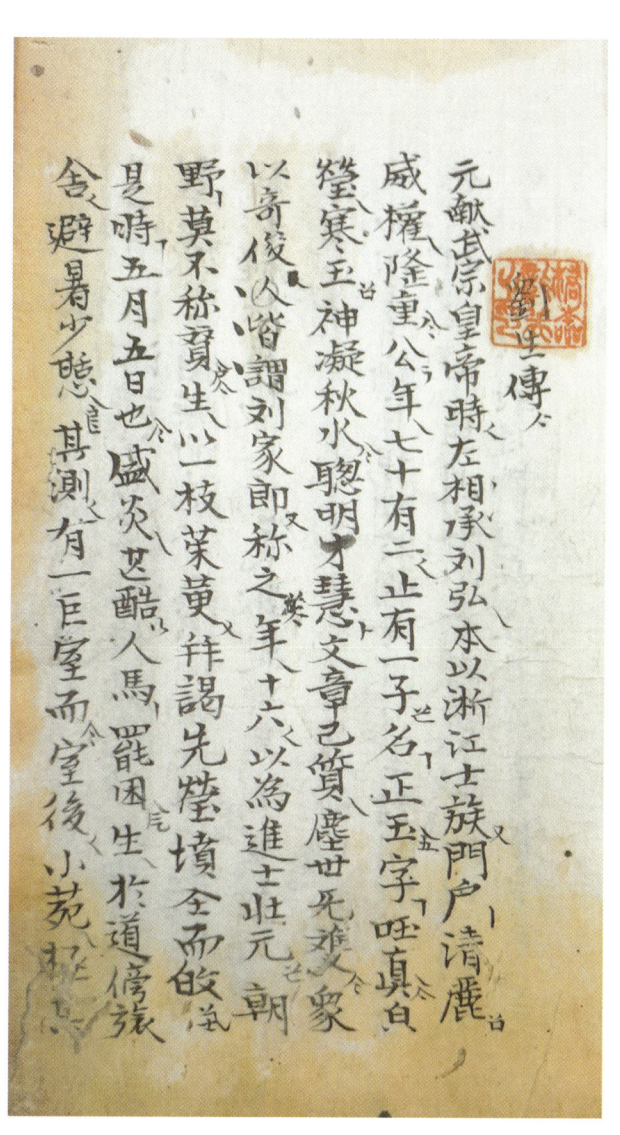

元獻武宗皇帝時左相承列弘本以浙江士族門戸淸麗
咸權隆重公年七十有二止有一子名正玉字啞頊頁
瑩寒玉神凝秋水聰明才慧文章已質塵世死羨衆
以奇俊人皆謂列家卽稱之年十六以爲進士壯元朝
野莫不称賞生此一枝葉黃幷謁先塋墳全而皈
是時五月五日也盛炎之酷人馬罷困生扵道傍求
舍避暑少憩其測有一巨室而室後小苑粧

劉生傳

『유생전』필사기

戊戌春正月初七日, 夜來之降雪滿山爲銀世界之朝 劉生傳 終

필사기 아래에는 '橋本彰美之印'의 장서인이 있는 것으로 보아, 1898년 1월 7일에 필사를 마친 것으로 보인다.

이 책은 한문소설인데 옆에 구결이 달려 있고 곳곳에 수정한 곳이 보인다. 이 책에는 필사자가 누구인지 밝혀져 있지 않고 장서인만 있다. 그가 직접 필사한 것으로 한자가 많이 노출되어 있는 『한문논설(韓文論說)』(1900), 『부상일기(扶桑日記)』(1917) 등과 대조해 본 결과, 필체가 유사한 부분도 있지만 연속적으로 필사한 것이 아니라 나누어 필사해서인지 먹의 상태나 글씨의 굵기 등이 다르고 일정하지 않다. 게다가 그가 우리나라의 구결까지 달 정도의 수준이 되었을까 하는 의문이 든다. 앞서 조선인에게 필사를 시켜 본인이 교열한 사례도 있으므로 이 책도 그렇지 않았을까 생각한다.

11 『진大方전』: 1898. 4. 3.

『진대방전(陳大方傳)』은 작자·연대 미상의 고전소설로 중국 송나라를 배경으로 어버이에 대한 효도를 주제로 한 도덕소설이다. 효도를 주제로 한 작품이지만 『심청전』처럼 어버이에 대한 지극한 효성을 표현한 것보다는 어버이에게 불효를 하다가 개과천선하여 효성을 드높이게 되는 내용이다. 하버드대 도서관에는 2종의 필사본이 있는데, 이 책과 『이진사전』이 합철된 『진대방전(陳大邦傳)』이다. 제목의 한자만 다르고 내용은 같다.

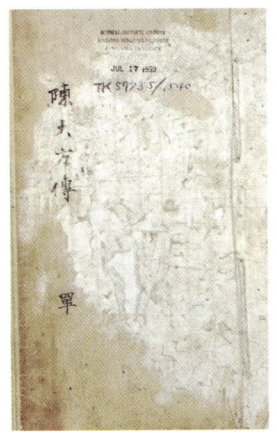
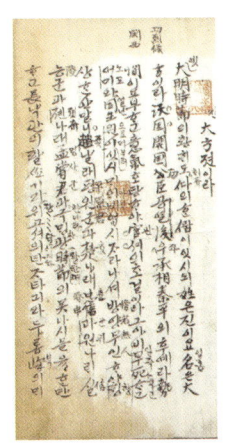

『진대방전』표지   본문

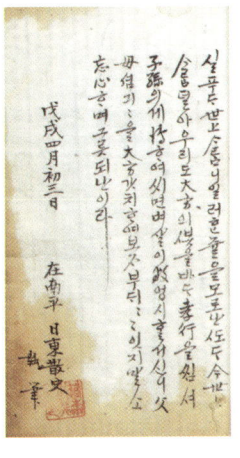
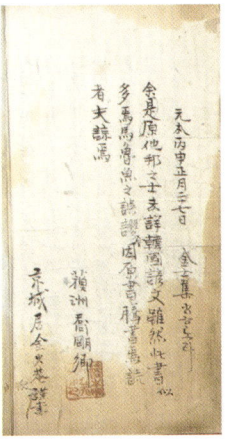

필사기1   필사기2

    이 책의 표지서명은 '陳大方傳'이지만 권수제는 '진大方전이라'로 되어 있다. 권말에 '무술(1898) 4월 3일 남평에서 일본에서 온 나그네가 집필하다(戊戌四月初三日 在南平 日東散史 執筆).'라는 필사기가 있고, 다음 장에 다음과 같은 묵서가 있다.

원본은 병신년 정월 27일에 김사집이 썼다.

내가 먼 곳에서 온 선비라 한국의 언문을 상세히 알지 못한다. 비록 이 책은 헷갈려서 글씨를 잘못 쓰기 쉬운 곳이 많지만 이제 원서를 베껴 쓰니 독자들께 양해를 구한다.

쇼슈교메이코와 경성에 사는 김소암이 삼가 쓰다

元本丙申正月二十七日 金士集書

余是原他邦之士, 未詳韓國諺文, 雖然此書似多焉馬魯魚之誤謬[64], 今因原書 謄書焉, 讀者夫諒焉.

蘇洲喬明鄕 京城居金少菴 謹書.

위의 기록에서 원본은 병신년(1896년) 1월 7일에 김사집(金士集)이 썼고, 이를 한국 언문을 잘 모르는 다른 나라의 선비가 베껴 썼다는 사실을 알 수 있다. 마지막의 '蘇洲喬明鄕 京城居金少菴 謹書'의 '蘇洲喬明鄕'는 고이즈미, 즉 하시모토를 말하는 것이므로 하시모토와 경성에 사는 김소암(金少菴)의 공동 필사를 의미하는 것일까. 하시모토가 이 책을 필사한 곳이 남평이고, 김소암이 경성에 사는 사람이라면 함께 필사했을 가능성은 거의 없다. 김소암은 원본의 필사자인 김사집을 말하는 것으로 보인다.

---

64 언(焉)자와 마(馬)자, 노(魯) 자와 어(魚) 자가 비슷하여 틀리기 쉽다는 데서, 글씨를 잘못 쓰기 쉬움을 이르는 말.

12 츄풍감별곡(秋風感別曲) 1898.5.13. / 명성경(明聖經) 1898. 5.27. 합본

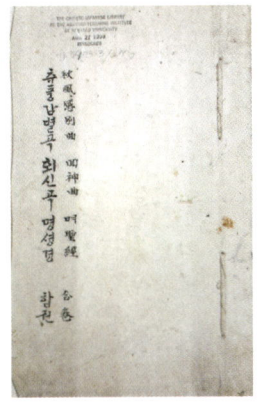
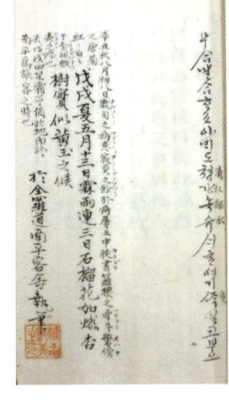
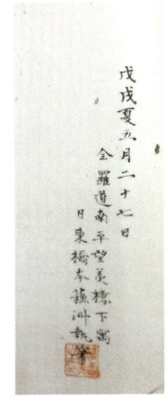

『추풍감별곡』표지   『추풍감별곡』필사기   『명성경』필사기

　이 책은 '츄풍감별곡'이라는 서명으로 합철된 『회신곡(回神曲)』, 『명성경(明聖經)』외에 백구사, 춘면곡 등 가사와 시조가 함께 필사된 책이다. 각 귀말 필사기를 보아, 『추풍감별곡』부터 『열두제왕회신곡』까지는 무술년(1898년) 5월 13일에, 『명성경』은 같은 해 5월 27일에 필사를 마쳤음을 알 수 있다. 『열두제왕회신곡』 뒤에 적혀 있는 필사기를 옮기면 다음과 같다.

> 무술년(1898년) 여름 5월 13일, 연이은 3일간의 장마가 계속되었다. 석류꽃은 불타듯 붉고, 황옥같은 살구나무 열매가 열리는 때, 전라도 남평의 객사에서 쓰다.
>
> 戊戌夏五月十三日, 霖雨連三日, 石榴花如燃, 杏樹實似黃玉之候. 於全羅道南平客舍執筆

이 필사기의 양옆으로 신축(1901)년에 추가로 쓴 기록이 있다. 이 책을 필사한 지 4년 후 병상에서 그 책을 다시 꺼내 읽었음을 보여주는 기록이다.

신축년(1901년) 가을 8월 8일, 몇 달 간 병에 시달리는 중 적막한 때에, 병상에서 책을 끼고 있다. 울타리에 있는 나팔꽃과 바위 옆에 핀 국화는 붉고 하얀 꽃을 피웠다. 가을바람이 스쳐 지나가며 꽃을 장난스럽게 흔들던 때였다. 무술년(1898년)으로부터 4년이 지났다. 나는 여전히 이곳에 있고, 그때는 남평에서 나그네로 머물렀던 시절이었다.

辛丑秋八月初八日, 數旬之病患, 寂寞之餘, 於病蓐之中挾書[カタガキ], 籬根之牽牛磐傍[アサガホイハマ]之唐菊, 紅紅白白, 于金風戱弄[マキカゼチラホテスル]之際也. 去戊戌(1898)四星霜, 予猶此地卽於南平爲旅客之時也.

또『명성경』의 말미에는 다음과 같은 필사기가 있다.

무술년 여름 5월 27일 전라도 남평 망미루 아래 사는 일본인 하시모토 쇼슈가 쓰다.

戊戌夏五月二十七日, 全羅道南平望美樓下寓, 日東橋本蘇洲執筆.

따라서 이 책은 1898년에 5월 27일에 필사한『명성경』을 합철한 것임을 알 수 있다.

가. 츄풍감별곡(秋風感別曲) 1898.5.13. 필사: 빅구사, 춘면곡, 열두제왕회신곡(回神曲), 불분은소릐라, 임을글여부우난시죠 (임을 그려 부르는 시조)

〈츄풍감별곡(秋風感別曲)〉은 서도소리의 한 종류인 송서(誦書)의 하나이다. 송서란 긴 사설로 된 가사 내용을 계면조적인 애조 띤 맛을 주는 간단한 율조(律調)를 넣어서 서도식으로 읽는 것이며 소리조에 가깝다. 1장단 4박씩 송서체로 부르고 장편시 6절로 1곡을 이루고 있으며, 곡조보다는 사설 내용에 치중하여 부르는 노래이다. 연원은 김광주(金光洲)가 쓴 소설식으로 된 〈채봉감별곡(彩鳳感別曲)〉 속에 나오는 것도 있고, 성천(成川)의 노생원(盧生員)의 작이라는 설도 있다. 〈추풍감별곡〉은 문장이 화려하고 구구절절이 명문미장(名文美章)이므로 노래보다 문장에 도취되어 탄복하는 사람이 많고 실제로 곡을 붙여 부르기는 쉽지 않다고 한다. 고이즈미 필사본은 이본들 가운데 가장 오래된 것으로 전한다.

〈빅구사(白鷗詞)〉는 작자·연대 미상의 가사로 '백구가'라고도 불린다. 본래는 모두 79구이다. 벼슬에서 쫓겨난 처사가 대자연 속을 거닐면서 아름다운 봄날의 경치를 완상하는 내용이다. 『청구영언』과 『가곡원류』에 실려 전하며, 전술한 〈남훈태평가〉에도 비슷한 내용의 가사가 수록되어 있다. 이 책에는 2쪽에 걸쳐 일부만이 수록되었는데, 〈남훈태평가〉에 수록된 '백구사'와 같으며, 일부 한자어 옆에는 한자음을 달아놓았다. 그가 지니고 있었던 〈남훈태평가〉 목판본을 보고 베꼈을 가능성이 크다. '츈면곡(春眠曲)'이 바로 이어지는 것도 동일하다.

〈츈면곡(春眠曲)〉은 작자·연대 미상의 십이가사이다. 임을 여의고 괴로워하는 사나이가 기생집에 들러 춘흥에 탐닉함으로써 모든 괴로움을 잊어버리려는 심리를 표현한 작품으로, 육감적이고 퇴폐적인 내용으로 되어 있다. 이 책에는 3쪽에 걸쳐 필사되어 있는데, 역시 〈남훈태평가〉에 실린 내용과 동일하며, 한자음을 옆에 달아놓았다.

〈열두졔왕회신곡(回神曲)〉의 '회신곡(回神曲)'은 한국의 전통 민속 음악 중 하나로, 주로 무속(巫俗) 의식에서 사용되는 노래이다. 이 곡은 굿이나 제례 의식 중에서 신을 모시고 난 후, 신을 보내는 과정에서 부르는 음악이다. 이 가사는 '여보시오 시죠임늬 일월(日月)갓스온 시죠임늬(여보시오 시조님네, 일월같은 시조님네)~'로 시작되는데, '여보시오 시조님네'로 시작하는 가사는 회다지(장례식 때 흙을 덮는 과정)라는 장례 관련 민속 노래에 주로 사용되는 문구이다. 따라서 이 가사는 상례(喪禮)나 제례(祭禮)에서 불린 노래로 생각된다.

앞의 세 곡은 기존 연구에서 소개된 바가 있으므로, 본고에서는 소개되지 않은 두 편의 짧은 곡을 소개한다.

〈임을글여부우난시죠(임을 그려 부르는 시조)〉 제목은 '임을 그리며 부르는 시조'인데, 원문은 아래와 같다.

무졍(無情)ᄒ고 약쇽(野俗)혼 임(主)아
영이별(永離別) 후(後)의 쇼식(消息)이 돈졀던고
공손야월(空山夜月) 두견지셩(杜鵑之聲)과
동방츈풍(東方春風) 호졉지몽(胡蝶之夢)을 다만 그리난니 잔에로시
오동(梧桐)의 결인 달(月) 네(ㅈㅋ) 퇴도(態度) 암〃ᄒ고
이실(露)의 져진 곳 완연혼 네(汝) 얼골 눈 압페(眼前) 어리얌은
청강슈 시벽비(雨)의 모욕(沐浴)ᄒ고 안진 졔비(鷰) 무슴 말슴ᄒ소

아마도 청강녹슈(淸江綠水) 싯 글여기 쑥(隻) 일코 부으

무정하고 야속한 임아

영영 이별 후에 소식이 끊어졌네

텅 빈 산 달밤의 두견새 울음소리와

동쪽에서 부는 바람 나비의 꿈을 다만 그리는 이 자네로세

오동나무에 걸린 달, 너의 태도 어렴풋하고

이슬에 젖은 꽃 완연한 너의 얼굴 눈앞에 어림은

맑은 물 새벽비에 목욕하고 앉은 제비 무슨 말씀하시오

아마도 청강녹수(淸江綠水) 새 기러기 짝 잃고 부르(네).

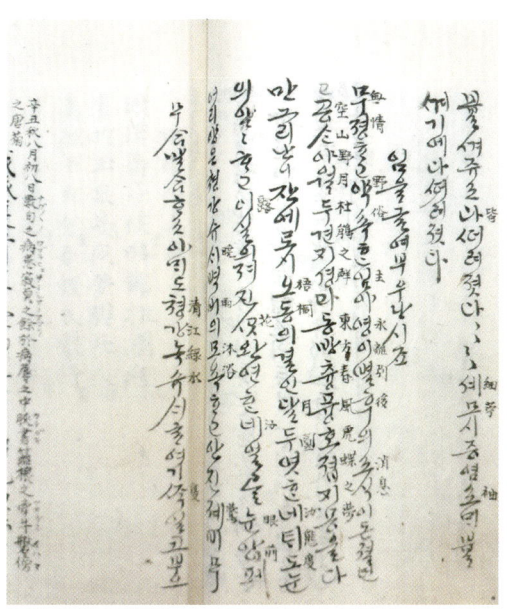

임을 그려 부르는 시조

위와 비슷한 내용이 영제 사설시조 '천하(天下) 무정(無情)하고 야속한 임아'로 남아 있다.[65]

천하(天下) 무정(無情)하고 야속한 임아

아연이별(啞然離別)후 소식이 돈절하다

공산야월(空山夜月) 두견성(杜鵑聲)과

동방춘풍(東方春風 호접몽(胡蝶夢)에 다만

생각이 임뿐이라

오동(梧桐)에 걸린 달 뚜렷한 임의 얼굴

내 품안에 머무는 듯 이슬에 젖은 모란(牡丹)

요염한 너의 태도 내 눈앞에 어른어른

백석청탄(白石淸灘)에 목욕한 제비 여여쁘다

네 말소리 내 귀에 하소는 듯

야속다 저 기럭아

벽태(碧苔) 한강(漢江) 어디 두고

내 집 창전(窓前) 길이 울어

이내 심사 더욱 산란

---

65   유성기 음반으로도 남아 있다. https://music.bugs.co.kr/album/20442458?wl_ref=
S_tr_01_01&fbclid=IwY2xjawFcmzFleHRuA2FlbQIxMAABHWd1jlTKZuDrEYB
WLnvv3wY7UX1pYGkelrZHjFn7nLxQMSm-dR4g9HjohQ_aem_t5c1B0xWNe
C8Qochd_rOrw

또, 1946년 대구 낙동서관에서 나온 『朝鮮古典歌辭集』 52쪽에 '無情하고 야속한 님은'이라는 제목으로 아래와 같이 비슷한 사설시조가 실려 있다. 아마도 당시에 유행했던 시조인 듯하다.

무정(無情)하고 야속한 임은

아연이별후(啞然離別後) 소식이 돈절(頓切)

공산야월(空山夜月) 두견지성(杜鵑之聲)과

동방춘풍(東方春風) 호접지몽(胡蝶之夢)은

다만 그리나니 님뿐이라

오동(梧桐)에 걸닌 달 두렷한 네 얼골이

겻헤 와 머무난 듯 이슬에 저즘고 嬋現한 내의 態度

눈압헤 버리난 듯 淸江 새벽비 沐浴한 제비

네 말소래 내 귀에 와 허소긴다

밤중만 외기럭이 碧海를 어데 두고

새벽 窓 밤 기리 울어

잠든 나를 깨우거다

〈불분은 노릐 (불 붙는 노래)〉

〈불분은노릐〉는 매우 짧은 가사로 이루어졌는데 원문은 다음과 같다.

평양(平壤) 득승당의 불(火)분은다

불셔(消)주소 〃 〃

만조빅관(滿朝百官) 불셔쥬소

다(皆) 쩌려젓다〃〃

셰모시(細苧) 중염쇼믹(袖)

불 셔기에 다 쩌려젓다

평양 득승당에 불 붙는다

불 꺼주소 불 꺼주소

만조백관 불 꺼주소

다 떨어졌다 다 떨어졌다

세모시 증염소매(增染袖, 염색을 한 소매)

불 끄기에 다 떨어졌다

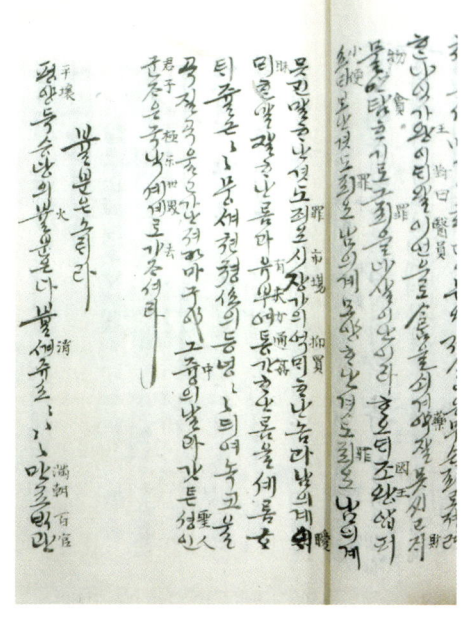

불분은노리

나. 『명성경(明聖經)』 1898.5.27. 필사

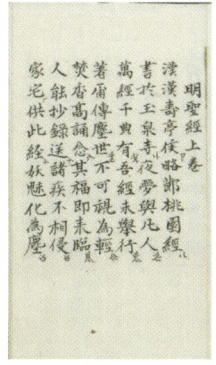
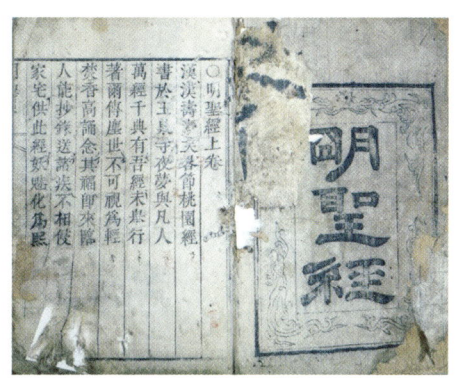

『명성경』 상권   명성경(목판본) 상권

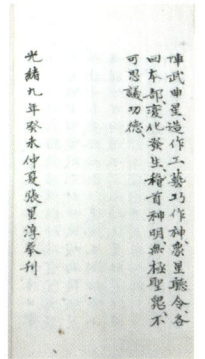
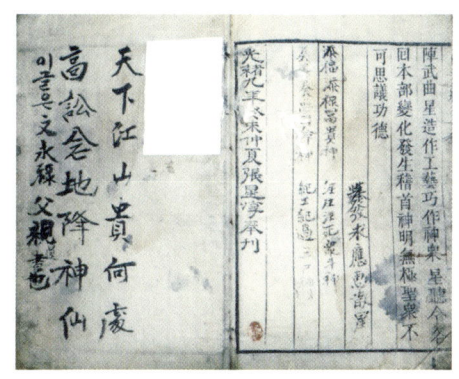

『명성경』 권말   명성경(목판본) 권말

『명성경』은 『관성제군응험명성경(關聖帝君應驗明聖經)』을 말한다(이하 명성경). 무본당에서 관성교 전도를 목적으로 언해하여 1883년에 간행한 관성교 경전으로 도교서이다. 소장본은 한문본이고 구결이 달려있다. 이 책의 말미에 '光緖九年癸未中夏張星淳奉刊'이라고 적혀 있고 그다음 장에 전술한 필사기가 있다. 이 책은 광서 9년(고종 20, 1883) 계미

중하에 장성순(張星淳)이 간행한 목판본을 베낀 것으로 보인다.[66]

▍13 『박씨전(朴氏傳)』 1899년 8월 그믐 / 〈희무대타령〉 1899년 9월 초순

『박씨전』은 『희무대타령』과 합철되어 있다.

가. 『박씨전』 1899년 8월 그믐(30일)에 필사

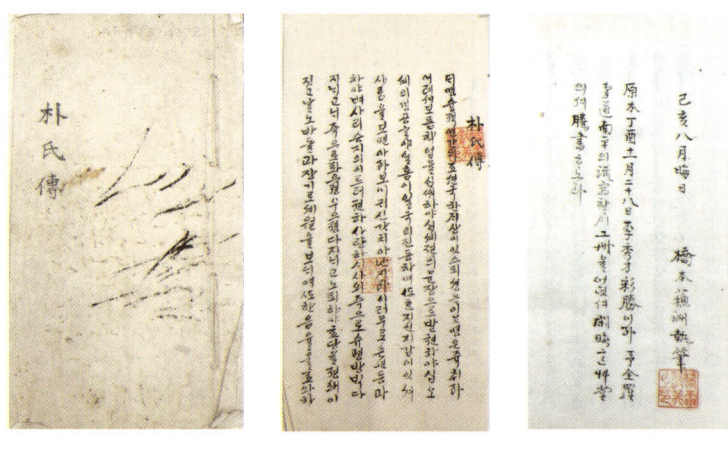

『박씨전』 표지   『박씨전』 본문   필사기

『박씨전』은 작가와 연대를 알 수 없는 국문소설이다. 내용은 명나라 숭정연간에 한양에 사는 이득춘의 아들 시백이 부인인 박처사의 딸 박씨의 도움으로 장원급제는 물론 병자호란을 전후로 국가를 위해 조선

66 이 그림은 흔옥선 현장경매 사진을 가져온 것이다. https://www.hanauction.com/htm/off_auction_read.htm?id=73599&off_id=188&page=1&ac_n

에 침입한 호왕(胡王)과 맞서 싸운다는 것이다.

소장본에는 아래와 같은 필사기가 있다.

기해년(1899) 8월 그믐 하시모토 쇼슈가 쓰다.

원본은 정유년(1897) 11월 28일에 수재 이채승(이 쓴 것)이다. 내가 전라
남도 남평에 있어서 그 책을 얻어 한가로운 그믐에 이 초당에서 쓰노라.

己亥八月晦日 橋本蘇洲執筆

原本丁酉十一月二十八日李秀才彩勝이라 予全羅南道南平의 流寓할시 그 冊
을 어덧셔 閑晦 這艸堂의셔 謄書하노라

이 책도 전라남도 남평 초당에서 베껴 쓴 것이다. 1897년 11월 28일
에 이채승이 『박씨전』을 빌려서 1899년 8월 그믐에 필사했다. 보통 '수
재'는 머리가 좋은 사람을 뜻하나, 벼슬하지 않은 선비 또는 장가를 가
지 않은 남자를 일컫기도 한다. 이채승에 대한 정보는 찾지 못했다.

나. 〈희무대타령(戲舞臺打令)〉

『박씨전』 뒤에 〈희무대타령〉이 국한문 혼용으로 2장 필사되어 있다.
그 내용을 옮겨 보면 아래와 같다.[67] 〈희무대타령〉은 1900년 8월 9일

---

67 『황성신문(皇城新聞)』 1900년 8월 9일자(광무4년 8월 9일) 기사(2면 1단)에 이 노
래의 전문이 실려 있다. [출처] 국립중앙도서관 「대한민국 신문 아카이브」 – http://
www.nl.go.kr/newspaper/

자 〈황성신문(皇城新聞)〉에도 전문이 실려 있다. 이 글을 필사한 시기가 1899년 9월 초순이라 거의 1년 가까이 먼저 베낀 것이므로 〈황성신문〉에서 베낀 것은 아닌 것으로 보인다. 아마도 당시에 유행했던 노래로 생각된다. 필자가 과문해서인지는 몰라도 이에 대한 정보가 남아 있는 것이 없다.

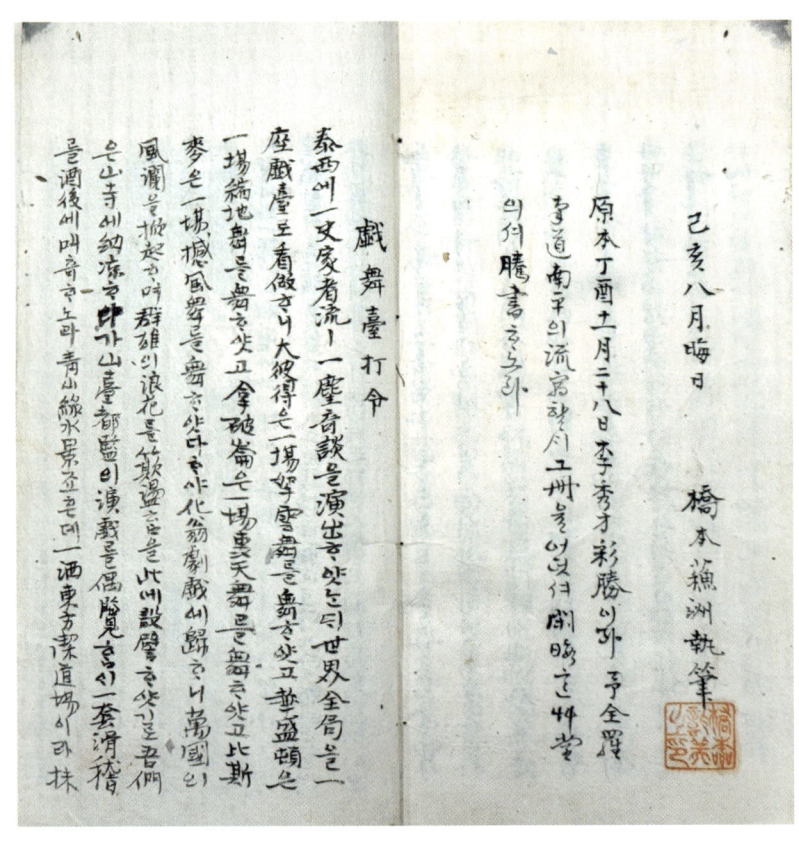

희무대타령

泰西에 一史家者流ㅣ一塵奇談을 演出ᄒᆞ얏ᄂᆞᄃᆡ 世界全局을 一座戲臺로 看
做ᄒᆞ니 大彼得은 一塲挐雲舞를 舞ᄒᆞ얏고 華盛頓은 一塲縮地舞를 舞ᄒᆞ얏
고 拿破崙은 一塲轟天舞를 舞ᄒᆞ얏고 比斯麥은 一塲撼風舞를 舞ᄒᆞ얏다 ᄒᆞ
야 化翁劇戲에 歸ᄒᆞ니 萬國의 風瀾을 掀起ᄒᆞ며 群雄의 浪花를 簸盪홈을
此에 設譬ᄒᆞ얏기로 吾們은 山寺에 納涼ᄒᆞ다가 山臺都監의 演戲를 偶覽홈
이 一套滑稽를 酒後에 叫奇ᄒᆞ노라 靑山祿水景 죠흔데 一酒東方潔道塲이
라 抹杖遮日雪布帳에 令旗朱杖沙燭籠이라 一班文武 好風神은 東西列席坐
客이오 靈山會像大風流ᄂᆞᆫ 梨園弟子六角이라 綠陰芳草勝花時에 一代奇恠
別人物이 燦爛錦繡新衣裳과 玲瓏彩色 眞面目으로 瀟湘班竹十二節로 逾出
逾奇 차례춤에 雪膚花容小巫堂과 松納長衫老長僧이라 峩冠博帶生員이오
拳鬚突鬢 不僧이라 이탈나와 一塲이오 져탈나와 一塲이라 善戲謔兮 善舞
法에 萬人耳目 睅然일시 善謔善舞凡幾人고 改頭換面輪回로다 此탈 彼탈
돌려쓰니 異楦同人奇事로다 禮義之邦鄕人儺ᄂᆞᆫ 驅除疫鬼盛俗이오 騏頭氏
ᄂᆞᆫ 辟邪ᄒᆞ고 處容舞ᄂᆞᆫ 呈瑞인ᄃᆡ 山臺演戲絶倒로다 旅進旅退구경ᄒᆞ쇼
己亥秋菊月初旬

　서양에 한 사가(史家)가 기이한 이야기 하나를 엮어내었는데, 세상의 모
든 국면을 하나의 연극 무대처럼 바라보았더라. 이에 러시아의 표트르 대
제는 구름을 휘저으며 춤을 추었고, 워싱턴은 땅을 줄여 밟으며 축지의
춤을 췄으며, 나폴레옹은 천지를 울리는 위세로 춤을 췄고, 비스마르크는
바람을 흔들며 춤을 추었다 하더라. 이 모두가 마치 화옹(변신술의 고수)이
꾸민 한 판 연극으로 귀결되니, 만국의 격동을 일으키고 여러 영웅들의 물
결을 뒤흔든 것을 이렇게 비유한 것이었다.

우리들은 산사(山寺)에서 더위를 피하던 중, 산대도감(山臺都監, 궁중에서 연극을 감독하는 부서)의 연희를 우연히 구경하게 되었는데, 한 판 해학극을 술에 취해 보고 나서 참으로 기이하다 감탄하였다. 푸른 산과 맑은 물 경치가 좋으니, 이는 마치 동방의 맑고 깨끗한 도량(道場)에서 한 잔 술을 마시는 듯하도다.

흰 지팡이로 해를 가리고, 눈처럼 흰 천막이 쳐져 있으며, 붉은 깃발과 주홍 지팡이, 모래 촛대가 늘어서 있다. 문무백관의 무리들은 풍모가 고상하여 동서에 나란히 손님으로 앉아 있고, 영산회상(靈山會上)의 대풍류는 장악원의 배우들이 여섯 각의 악기로 연주하는 절묘한 소리더라.

푸른 그늘과 향기로운 풀들이 꽃보다 아름다운 때, 한 시대의 기이하고 특별한 인물들이 찬란한 비단 옷을 입고 정교하고 아름다운 얼굴로 나타나, 소상강의 대나무 장단에 맞춰 등장할수록 더욱 기이한 춤을 추는구나. 눈처럼 흰 피부와 꽃 같은 얼굴의 어린 무당, 소나무처럼 긴 옷을 입은 늙은 승려가 나서고, 높은 갓과 넓은 띠를 두른 생원, 주먹만큼 자란 수염과 돌출된 귀밑머리의 괴상한 인물이 승려도 아닌 채 등장한다.

이 탈 쓰고 나오면 한 장면이요, 저 탈 쓰고 나오면 또 다른 장면이라. 익살스런 연극을 잘하고 춤도 능숙하니, 만인의 귀와 눈이 크게 뜨여 놀랐구나. 익살과 춤을 이처럼 잘하는 자가 과연 몇이나 될까? 머리와 얼굴을 바꿔 가며 윤회처럼 바뀌는 모습이로다. 이 탈, 저 탈을 돌려 쓰니, 틀은 다르나 결국 같은 사람이니, 참으로 기이한 일이라.

예의지국(禮義之國) 조선에서는 마을 사람들이 나례(儺禮)를 베풀어 역귀를 쫓는 풍속이 성하고, 기두(魌頭氏)는 사악함을 물리치며, 처용무(處容舞)는 상서로운 징조를 나타내는데, 이 산대놀이 연극 또한 절묘하고 익살스러워 절로 웃음 짓게 하는구나. 오고 가는 길에 한번 구경해 보시게.

*번역은 필자

이 글은 서양과 동양의 역사를 비유하여, 연극을 통해 세상의 변화를 묘사하였다. 서양의 역사적 인물들인 표트르, 워싱턴, 나폴레옹, 비스마르크를 각각 구름 속 싸움, 축지법 춤, 천지를 울리는 춤, 바람을 움직이는 춤으로 비유하여 그들의 업적을 연극에 빗대어 설명하였다. 이는 세상의 국면을 하나의 연극 무대로 보고, 역사의 인물들을 연극배우로 묘사하는 형식이다. 이 글의 화자는 산사에서 더위를 피하며 산대도감에서 연극을 관람하게 되었고, 연극 무대의 화려함과 그 안에서 벌어지는 기이하고 특별한 춤과 인물들에 감탄한다. 여러 인물이 각기 다른 탈을 쓰고 등장하여, 그들의 익살스러운 연극과 춤으로 관객의 눈과 귀를 사로잡는다. 이 탈과 저 탈을 바꾸어 쓰는 모습은 마치 윤회를 반복하는 것처럼 표현되었다. 마지막으로 예의의 나라 조선에서 전통적인 나례(儺禮) 의식, 기두(魌頭)[68]의 벽사 의식, 처용무와 같은 상징적인 춤을 통해 역귀를 쫓고 복을 기원하는 장면이 묘사되며, 산대놀이의 절묘함과 익살스러움에 대해 극찬하고 있다. 익살스러운 연극의 표현은 당시 사회를 풍자하며, 관객들이 이를 보고 즐기는 모습이 그려진다. 이는 전통

---

68 기두(魌頭)는 전통 연극이나 의식에서 사용되는 말의 머리 모양을 한 가면 또는 역할을 가리킨다. 특히 기두(魌頭)는 한국의 전통 연희, 특히 나례(儺禮) 의식에서 등장하는 상징적인 인물이다. 나례는 역귀나 악귀를 몰아내는 의식으로, 기두는 이 의식에서 중요한 역할을 수행했다.

연극이 단순한 오락의 장이 아니라, 사회적 메시지와 감동을 전달하는 중요한 예술 형식임을 보여준다. 따라서 이 노래는 전통적 연극과 서양 역사적 인물들의 비유를 통해, 예술적 감성과 역사를 아우르는 독특한 시각을 제공하는 문학 작품이라 할 수 있다.

14 『민시영(령)전(閔時榮傳)』

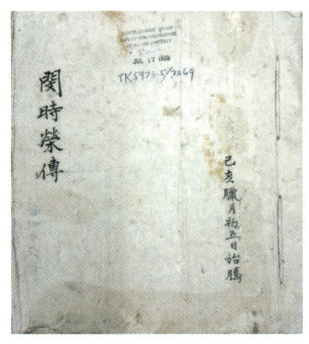
『민시영전』 표지

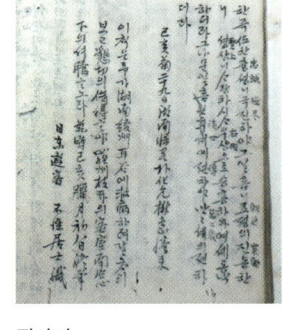
필사기

『민시영(령)전』도 〈역대가(歷代歌)〉(7장)와 〈퇴계선상지로가(退溪先生止老歌)〉(2장)가 합철되어 있다. 필사기로 보아, 이들은 각각 따로 필사하여 나중에 합철한 것이다.

가. 『민시영(령)전(閔時榮傳)』 1899년 12월 5일-8일 필사

『민시영전』은 양반의 후손이지만 걸색을 하던 여주의 민시영이라는 사람이 윤처자와 혼인 후 학업을 닦아 과거에 급제하여 성공한다는 언문 영웅소설이다. 한 면에 12행, 한 행 23-26자를 기본으로 하고 있다.

언문으로 필사하였으나 필요한 경우에는 한자를 병기하였다. 표지에
'己亥臘月初五日始騰'이라는 묵서가 있어, 1899년 12월 5일에 필사의
시작을 말해 준다. 또 필사 말미에 아래와 같은 묵서가 있다.

> 기해년 음력 9월 29일 호남귀객 박화윤(무구)[69]가 베껴오다.
>
> 己亥菊[70]二十九日 湖南歸客朴化允枡軀謄來

이어서 다음과 같은 필사기가 있어, 원래는 1899년 음력 9월에 박화
윤이 베낀 책을 일본에서 온 나그네인 불염거사, 즉 고이즈미 자신이 호
남의 능주(綾州, 지금의 화순)[71]의 이곡에 병을 치료하러 갔을 때 빌려서
나주 기정의 객실에서 베껴 썼다는 사실을 알 수 있다. 이를 통해 고이
즈미가 나주와 화순 등지를 오가며 활동하였음을 보여준다.

> 이 책은 내가 호남(湖南) 능주(綾州) 이곡(耳谷)에 병을 구제하러 갈 즈음

---

69 '무구(枡軀)'는 박화윤의 자인 것으로 보인다. 박화윤은 1909년 음력 7월 19일 임
익상(林翊相)외 5명과 함께 전북 장수(長水) 등지에서 군자금 모집활동을 하였다는 기
록이 있어, 전라도에 근거하고 활동한 인물로 보인다.

70 菊(月)은 음력 9월을 일컫는 말이다.

71 조선시대 능주(綾州)는 전주(全州), 나주(羅州)와 함께 전라도 3대 고을 중의 하나
였다. 현재 능주는 화순군 능주면에 지나지 않지만, 1895년 이전 약 260년간 능주목
(綾州牧)으로 화순현이나 동복현보다 세력이 큰 고을이었다. 능주는 1920년대 일제강
점기 초기까지 호남에서 민족운동과 사회운동의 중심지였다. 1895년 박영효의 을미
개혁으로 능주목에서 능주군으로 바뀌었고 1914년 지방제도 개편이라는 명분 아래
일제에 의해 능주면으로 강등돼 오늘에 이르렀다. (출처: 시민의 소리 (http://www.
siminsori.com))

에 보고, 간절히 부탁하여 얻은 것이니, 나주(羅州) 기정(岐井)의 객실 남쪽 창 아래에서 기록한 것이다.

이 칙은 予가 湖南綾州耳谷에 救病하려 갈 초의 보고 懇切의 借得하야 羅州 岐井의 客室南窓下의셔 謄하노라 玆時己亥臘月初八日終筆

日東遊客 不染居士識

나. 〈歷代歌〉(5장) 1901년 8월 10일 필사

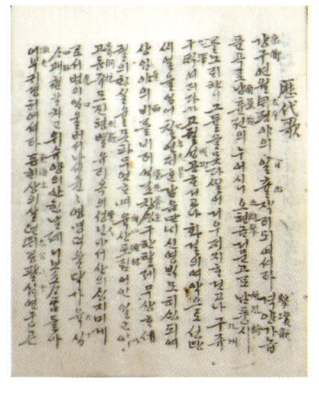 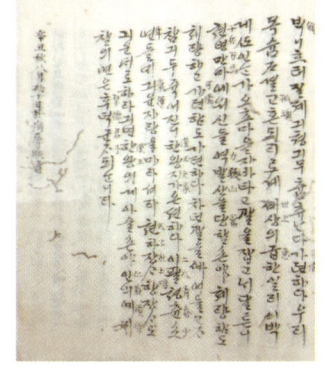

역대가 본문   역대가 필사기

〈역대가〉는 『민시영전』에 합철되어 있으나, 하버드 대학의 온라인 장서 목록인 HOLLIS에 별도의 항목으로 등재되어 있다. 그동안 진복창(陳復昌)의 저술인 〈역대가(歷代歌)〉를 필사한 것으로 알려졌으니, 원문을 자세히 살펴보면 비슷하기는 하나 완전히 다른 시가이다. '辛丑秋八月初病褥朕書'라는 묵서가 있어서 신축년(1901년) 8월초에 병상에서 읽었다는 사실을 알 수 있다. 한글로 쓰고 한자어의 경우 오른쪽에 한자를

써 넣었다.

강구(康衢)연월 티평(太平)야의 일츌(日出)작히 되어셔라

격양가(擊壤歌)[72] 놉푼곡됴 남훈젼(南薰殿)[73]의 누어시니

오현금(五絃琴) 거문고로 남풍시를 노리한니

그뮬을 못다씰어 거우디지 ᄒ것고나

구쥬(九州)구퇴(九澤) 여러다가 고궐셩공(成功) ᄒ거고나[74]

화길의 여악으로 셩탕씌 얼을 입어

칠년디훈(七年大旱) 감음만니 신영빅모 히싱되여

상임야(들)의 비(雨)를비러 억죠창싱(億兆蒼生) 구한할졔[75]

---

72 격양가(擊壤歌): 풍년이 들어서 태평세월을 즐기는 노래를 이르는 말. 옛날 중국의
요(堯)임금이 세상에서 자기의 정치를 어떻게 생각하는지 알아보려고 평복(平服)을 하
고 거리로 나가 봤더니 어떤 농부가 「격양가(擊壤歌)」를 부르고 있었다고 한다. 노랫말
은 '해 뜨면 일어나 일하고 해 지면 밥을 먹네. 목마르면 땅을 파서 물을 마시니 임금의
힘인들 내게 무엇을 끼치리오(日出而作 日入而食 鑿井而飮 帝力何有於我哉)'라고 함.
73 순(舜)임금이 「남풍가(南風歌)」를 지어 오현금(五絃琴)에 얹어 연주하던 궁전.
74 『서경(書經)』, 우공편(禹貢篇)에 "동쪽으로는 바다에 이르고, 서쪽으로는 유사(流
沙, 사막)에 닿으며, 북쪽에서 남쪽까지 그의 가르침과 덕행이 사방으로 전해졌다. 우
임금은 하늘로부터 현규(검은색 옥)를 하사받아 그의 성공을 하늘에 고했다.(東漸於
海, 西被於流沙, 朔南暨聲教訖於四海° 禹錫玄圭, 告厥成功°)"라고 쓴 구절에서 인용되었
으며, 이 구절은 우임금이 치수 사업을 성공적으로 마치고, 그의 가르침과 덕이 천하에
널리 퍼졌음을 상징하며, 하늘이 그의 공적을 인정하고 검은색 옥(현규)을 하사한 후
그 성공을 하늘에 보고하는 장면을 묘사한 것이다.
75 은나라를 세운 탕왕(湯王)이 등극하여 7년 동안 계속 가뭄이 들자, 하늘에 기도하
기 위해 목욕재계를 하고 손톱과 머리카락을 자른 다음, 흰 수레와 흰 말[白牡]에다 흰
띠풀로 자신의 몸을 묶어 스스로 희생(犧牲)이 되어 상림(桑林)의 들판에서 기도를 드

무샹ᄒ세 궐의힝실 슐못 파 무엇ᄒ며 육산포림(肉山脯林) 어인일고

이고동쥬(以槀銅柱) 모진형별(刑罰) 유리옥의 성닌(聖人)나서[76]

산의싱지미게[77]로서 범(虎)의 입울 벗어나서

슌〃영명 덕을 닥가 육십ᄉ괘(六十四卦) 점을 치고[78] 위슈양의[79] 산힝

날졔

니보소 ᄉ룸들아 어부(漁夫)귀경 허여셔라[80]

동히샹(東海上)의 살던 틱공(太公) 팔십(八十)연 궁곤

렸는데, 기도가 끝나기도 전에 수천 리에 걸쳐서 비가 내렸다고 한다.

76   유리(羑里)는 중국 하남성(河南省) 탕음(湯陰)의 지명(地名)이다. 중국의 주(周)나라 문왕(文王)이 덕으로써 천하에 이름이 높아지자 은(殷)나라 주왕(紂王)이 문왕을 유리에 가두었다는 고사(故事)가 있다.

77   산의생(散宜生)의 미인계(美計)

78   주왕(紂王)에 의해 유리옥 속에 갇힌 문왕은 자신의 처지를 '호랑이 꼬리를 밟은 격(履虎尾)'이라 하였다. 이는 '밟을 리(履)'자의 리괘(履卦)에 나온다. 호랑이 꼬리를 밟았으니 얼마나 위험한 상황이겠는가? 그러나 문왕은 호랑이에게 '물리지 않을 것(不咥人)'임을 알았다. 천리에 순종해서 바르게 밟아 나간다면 아무리 포악한 주(紂)라 할지라도 자신을 죽이지 못할 것임을 확신한 것이다. 살 수 있으리라는 확신이 있었기에 문왕은 7년 간의 감옥생활 속에서 때를 기다리며 풀려나기를 기다릴 수 있었던 것이며, 이때 주역을 저술할 수 있었다. 『사기』나 기타 역사서에서는 창후의 신하인 산의생(散宜生) 굉요(閎夭) 등이 유신(有莘)씨의 미녀와 선마(善馬), 진귀한 보물 등을 주(紂)에게 진상하여 무사히 풀려오게 되었다고 전하고 있다. 창후는 후에 주왕의 신임을 받아서 다른 제후들을 토벌할 수 있는 대권을 받아 서백(西伯)에 임명되었다.

79   위수(渭水)와 수양산(首陽山)

80   강태공(姜太公): 주(周) 문왕(文王)이 위수(渭水)에서 처음 만나 군사로 삼았으며, 뒤에 무왕(武王)을 도와 은을 없애고 천하를 평정하여 그 공으로 제(齊)나라에 봉(封)함을 받아 시조가 되었다.

백(魄)니 흐터질졔 긔쳥긔무[81] 츔츄난다

가련(可憐)ᄒ다 우리목슘 ᄌ결고혼(孤魂) 되리로셰

셰상(世上)의 급(急)ᄒ일리 이박게 ᄯᅩ 인는가

오초마[82]을 잡아ᄐ고 칼을 잡고 니달른니

쳔병만마(千兵萬馬) 에워신들 역발산(力撥山)을 당(當)할손야

체량함도 체량하고[83] 가련(可憐)함도 가련하다

차던칼을 ᄲᅢ여들고 ᄌ참긔두[84] 쥭어진니 한왕지가(漢王之家) 온젼하다[85]

이팔쳥춘(二八靑春) 소연(小年)들미 긔운(氣運)자랑을 마라셔라

쳔하장수(天下壯士) 항(項)장ᄉ도 긔운디로 하랴긔면 한왕(漢王)의게 아슬손야

인의예지(仁義禮智) 찰의면은 후덕군ᄌ(厚德君子) 되난니라

---

81 기상과 무풍

82 오추마(烏騅馬): 초패왕 항우의 애마

83 처량함도 처량하고

84 자참기두(自斬其頭): 스스로 목을 벰

85 항우(項羽)는 초나라의 장군으로서 많은 전투에서 승리를 거두며 '패왕(覇王)'이라 불렸다. 그의 애마인 오추마(烏騅馬)는 항우와 함께 전장에서 많은 승리를 거둔 충성스러운 말이다. 그러나 항우는 해하 전투(垓下之戰)에서 유방의 군대에 의해 패배하게 된다. 항우는 유방의 군대에 포위되어 도망치며 마지막 순간을 맞이한다. 그는 자신의 운명이 다했음을 깨닫고, 애마인 오추마에 올라타 마지막 전투를 펼치며 천 명의 병사와 수많은 말을 거느린 적군에 맞서 싸운다. 그 순간에도 항우는 역발산(力拔山), 즉 산을 들어 올릴 만한 힘을 가졌으나, 더 이상 대세를 뒤집을 수 없음을 깨닫고 차고 있던 칼을 뽑아 들고 스스로 목을 베어(自斬其頭) 자결하였다. 그의 죽음으로 인해 한왕 유방(漢王 劉邦)은 마침내 천하를 통일하고 한나라의 건국자로서 역사를 이어가게 되었다.

사방 거리에는 평화롭고 밝은 태평성대의 햇살이 환히 비추고, 격양가의 우아한 곡조가 남훈전의 전각 위에 높이 울려 퍼진다. 오현금과 거문고로 남풍의 시를 노래하니, 그 맑고 아름다운 선율은 다 담아내기 어려워 끝내 그 묘미를 다 표현하지 못하겠구나. 천하 구주(九州)와 구택(九澤)의 여러 나라와 강호가 제 나름의 성공을 이루었고, 모두가 고궐성공(告厥成功)의 길을 걷고 있다.

화려한 음악과 여악(女樂)의 연주로 상나라 성탕의 은덕을 받들던 시대가 떠오른다. 칠 년 동안 이어진 큰 가뭄에 신령한 흰말(神靈白牡)을 희생 제물로 바치고, 상임야의 들판에서 비를 기원해 억조창생을 구제하던 모습이 그려진다. 그러나 덧없는 세상에서 왕실의 행실이 쉽게 흐트러지지 않을까 우려되고, 고기 산과 마른 고기 숲 같은 호화로운 사치가 무슨 의미가 있으랴.

마른 풀로 구리 기둥을 달구어 잔혹한 형벌을 가하던 시대에도, 유리옥처럼 맑고 귀한 성인이 나타나 산의생의 미인계로 범의 입 같은 위태로움을 벗어나 덕을 닦았으니, 순수하고 영명한 덕으로 주역의 육십사괘를 점치고, 위수와 수양산을 유람하며 도를 닦았다. 보아라, 사람들아. 어부처럼 세속을 떠나 돌아가 밭을 갈며 사는 삶이 얼마나 평안한가.

동해 바닷가에서 살던 강태공은 팔십 평생 가난하고 고달팠지만, 그의 혼백이 흩어질 즈음에야 기상과 무풍이 춤을 추었다. 가엾도다, 우리 인생도 자칫하면 고혼(孤魂)이 되어 떠돌지 않겠는가. 세상에 이보다 더 급한 일이 무엇이 있으랴. 항우는 오추마에 올라타고 칼을 쥐고 내달았지만, 천병만마가 둘러싸도 그의 역발산의 기세를 당할 수 없었다. 그러나 처량하고 가련한 그의 최후, 끝내 차던 칼을 뽑아 스스로 목을 베고 죽으니, 한왕지(漢王之家)만은 온전하게 남았도다.

　　이팔청춘의 젊은이들이여, 기세 자랑을 삼가라. 천하의 장사였던 항우도 기운대로 하려고 했으면 한왕에게 빼앗겼겠는가. 인의예지를 충실히 지키고 덕을 닦으면 비로소 후덕한 군자가 되는 법이라.

　이 시가는 '요(堯)–격양가(擊壤歌)', '순(舜)–남훈전(南薰殿)', '우(禹)–고궐성공(告厥成功)', '탕(湯)–칠년대한(七年大旱)', '문왕(文王)–유리(羑里)옥의 성인(聖人)'에 이르는 중국 고대의 성군들의 고사와 태공(太公), 항우(項羽), 한왕(漢王, 劉邦)의 고사로 이어진다. 역발산기개세(力拔山氣蓋世)로 대표되는 초(楚)의 項羽(항우)였지만 끝내 자결하였다는 내용과 함께 인의예지를 차리면 후덕한 군자가 된다는 내용을 담고 있다. 현전하는 여러 편의 역대가(歷代歌)와 비교하면, 내용이 상대적으로 매우 짧고 함축적이다.

다. 〈퇴계션상지로가(退溪先生指老歌)〉(2장, 3쪽) 1899년 12월 9일 필사

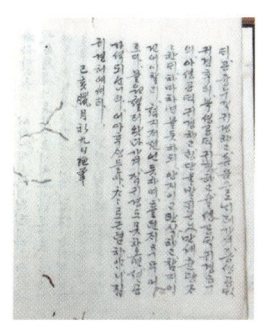

본문1　　　　　　本문2　　　　　　본문3 및 필사기

〈퇴계선생지로가〉는 조선시대에 지어진 작자 미상의 가사이다. 작자가 퇴계 이황(李滉)으로 알려졌으나 많은 논란이 있다. 그 내용은 이본에 따라 약간은 다르지만 대체로 인의(仁義)와 오륜(五倫)을 밝게 닦아 실천해야 한다고 말하고 있다. 인륜을 행함에 있어 마음의 수양이 제일이라고 강조하고, 성현의 학문을 굳게 믿고 실천에 힘써야 한다고 하였다.

어와 친고벗임네야 집귀경 가즈셔라	어와 친구벗님네야 집구경 가자스라
집니수 만컨만은 츳즈갈 집 짜로 잇다	집이야 많건만은 찾아갈 집 따로 있다
봉황디 황학누는 쇽수의 귀경쳐요	鳳凰臺[86] 黃鶴樓[87]는 세속 선비의 구경쳐요
낙셩디 악량누는 소직의 귀경쳐라	洛城臺 岳陽樓는 騷客[88]의 구경쳐라[89]
우쥬의 비게셔〃 상〃고을 싱각하니	宇宙의 빗겨 서서 상상 고을 생각하니
아마도 죠흔집은 공부즛임 집니로다	아마도 좋은 집은 孔夫子님 집이로다
문사니 동산니요 수슈는 홍디슈라	文山이 東山[90]이요 泗水[91]는 橫帶水라

---

86 봉황대(鳳凰臺): 남경에 위치한 역사적인 누각으로, 양자강을 내려다보며, 풍경과 역사적 유산으로 유명함.

87 황학루(黃鶴樓): 무한시에 위치한 장강(長江)을 바라보는 유명한 누각으로, 시와 문화적으로 중요한 유적지.

88 소객(騷客)은 『이소(離騷)』, 굴원의 문학에서 유래한 것으로, 『이소』풍의 시를 짓는 문인, 곧 감정이 깊고, 풍류를 즐기며, 세상에 대한 비판적 감성과 우국적 정서를 가진 시인을 뜻한다.

89 낙양의 누각은 시적 감성을 지닌 문인들이 고향을 그리워하며 돌아가는 곳이라는 뜻.

90 동산(銅山) : 사천성의 산

91 사수(泗水) : 산동성의 강.

농산니 빅호되고 문슈가 쳥용니라	農山이 白虎 되고[92] 汶水[93]가 靑龍이라[94]
쥬공의 장하신 도덕으로 조흔터을 닥가놋고	周公의 장하신 道德으로 좋은 터를 닦아놓고
별려비판하야 큰집을 일우신니	藩籬排判하여[95] 큰 집을 이루시니
오힝으로 지츄하고 인의예지 〃동셰워	五行으로 基礎하고 仁義禮智로 기둥 세워
숨강연 디량 연고 팔됴목 도리 연져	三綱領[96] 대들보 얹고 八條目[97] 도리 얹어
육십스괘 싸여니여 기〃 연목 연져놋고	六十四卦 빼어내어 箇箇椽木 얹어 놓고
숨빅팔십스 회수로 추〃 안겨(져?) 걸러놋고	三百八十四 爻數로 차례차례 앉혀 걸어놓고
오십토로 알미 연고 퇴극으로 기와하고	五十土로 알매 얹고[98] 太極으로 蓋瓦하고
일월셩신 창외호고 낙용하마 단쳥한니	日月星辰 窓戶하고 洛龍河馬 丹靑하니[99]
어아 장할시고 일런 집니 다시 잇슬숀야	어와 장할시고 이런 집이 다시 있을소냐
숨팔목니 동문이요 니칠화가 남문니요	三八木이 東門이요 二七火가 南門이요

---

92 백호는 서쪽을 상징하는 신수(神獸)로, 여기서 농산이 서쪽에 위치한 산임을 나타낸다.

93 문수(汶水)는 산동성의 강이다. 청룡은 동쪽을 상징하는 신수로, 문수가 동쪽에 위치한 강임을 나타낸다.

94 풍수지리학에서 명당의 이상적인 지형 배치를 설명하고 있다. 즉, 동쪽에는 문필과 학문의 기운을 상징하는 문산이 있고, 서쪽에는 백호에 해당하는 농산이 있으며, 동쪽에는 청룡에 해당하는 문수가 흐르고, 사수가 가로로 흐르며 지역을 감싸는 형태이다. 이러한 배치는 이상적인 명당의 조건으로 간주된다.

95 번리배판(藩籬排判)은 울타리를 세우고 펼치는 것을 의미한다.

96 삼강령(三綱領)은 유교 경전인『대학(大學)』에서 제시한 세 가지 핵심 원칙이다. '명명덕(明明德)', '친민(親民)', '지어지선(止於至善)'을 통해 개인의 도덕적 완성과 사회적 책임을 강조한다.

97 팔조목(八條目)은 유교 경전인『대학(大學)』에서 제시한 여덟 가지 실천 항목을 말한다. 격물(格物: 사물의 이치를 탐구하여 본질을 이해함), 치지(致知: 지식을 완성하고 확고히 함), 성의(誠意: 뜻을 성실하고 진실되게 함), 정심(正心: 마음을 바르게 함), 수신(修身: 몸과 행동을 닦아 도덕적 품성을 함양함), 제가(齊家: 가정을 화목하게 다스림), 치국(治國): 국가를 잘 다스림), 평천하(平天下: 천하를 평안하게 함).

98 오십토(五十土)는 50의 양으로 흙을 쌓는다는 의미로, 집을 짓는 과정에서 흙을 사용하여 기초를 다지는 것을 말하며, 알매는 산자(橵子) 위에 얹는 흙이다.

99 하도(河圖: 황하의 용마도) 낙서(洛書: 낙수의 거북점)로 단청(丹靑)을 하니

ᄉ구금니 셔문니요 일육슈가 북문니라 　　四九金이 西門이요 一六水가 北門이라[100]

인문을 놉피 열고 의로을 크게 닥가 　　　仁門을 높이 열고 義路를 크게 닦아

예악문물 갓촤놋코 오ᄂᆫ손임 밧ᄌᆞ한니 　禮樂文物 갖춰놓고 오는 손님 받자오니

궁장이 놉푼고딕 뉘긔〃〃 엿보던고 　　宮闕 담장 높은 곳에 누구누구가 엿보던가

풍호무호 영귀ᄌᆞᄂᆫ 당상의 올나가고 　　風乎霧雩 詠歸者는 堂上에 올라가고[101]

누항츈풍 단포ᄉᆞᄂᆫ 실즁의 들어가고 　　陋巷春風에 簞瓢士는 방안에 들어가고[102]

ᄌᆞ로 염우 즁궁 민ᄌᆞ건은 문안의 게우 들고 　子路冉有仲弓閔子騫은 문안에 겨우들고[103]

칠십제ᄌᆞ 슴쳔인을 역〃희 다 알손가 　　七十弟子 三千人을 역력히 다 알손가[104]

100　이 구절은 오행에 따른 방위를 숫자와 함께 설명하고 있다. 각 방위에 대응하는 오행과 그에 관련된 숫자를 연결하여, 동서남북 각각의 방향을 상징적으로 표현한 것이다. 동쪽: 목(木) – 삼(三), 팔(八), 서쪽: 금(金) – 사(四), 구(九), 남쪽: 화(火) – 이(二), 칠(七), 북쪽: 수(水) – 일(一), 육(六).

101　풍호무우(風乎霧雩)는 『논어』 「선진편」에서 제자 증점(曾點)이 말한 이상적인 삶의 정경을 요약한 표현이다. 기수(沂水)에서 목욕하고, 함지(咸池)에서 노래하고, 제사터에서 춤추고 바람 쐬며 자연과 함께 살아가는 삶을 공자도 감탄하며 인정한 장면에 나온다. 그 증점이 당 위에 올랐다는 뜻이다. (曾點鄒席鼓, 瑟之三而竊有得色焉. 夫子曰 賜也 樂則愉愉兮, 哀則戚戚兮, 以夫子之道, 得之者寡矣. 曾點曰, 莫春者, 春服既成, 冠者五六人, 童子六七人, 浴乎沂鳴乎咸池, 與乎舞雩而歸. 夫子喟然歎曰, 吾與點也.)

102　안회(顔回)를 말함. 『논어』 「雍也篇」의 안회 관련 일화에서 비롯된 표현이다. "子曰: 賢哉回也! 一簞食, 一瓢飮, 在陋巷, 人不堪其憂, 回也不改其樂˚賢哉回也!(훌륭하도다, 안회여! 한 그릇 밥과 한 표주박 물로 누추한 골목에서 살면서도, 다른 사람은 그 근심을 견디지 못할 것을 안회는 그 즐거움을 버리지 않는다. 훌륭하도다, 안회여!)" 따라서 단표사(簞瓢士)는 청빈함 속에서도 인(仁)을 실천하며, 가난을 걱정으로 여기지 않고 도(道)를 즐겼던 안회의 이상적 인격을 상징한다.

103　자로(子路), 염우(冉有), 중궁(仲弓), 민자건(閔子騫)은 모두 공자의 제자들이다. 모두 인(仁), 의(義), 예(禮), 지(智), 효(孝) 등 유교적 핵심 덕목을 실천적 측면에서 체현하였다. 그러나 이들은 안회보다는 한 단계 아래로 본다.

104　칠십제자(七十弟子)는 공자의 핵심 제자 70인을 의미하고, 삼천인(三千人)은 공자의 제자 3천 명을 의미한다. 이들을 모두 알 수 있겠는가라는 표현은 공자의 가르침을 받들고 따르는 수많은 인재들을 제대로 알아볼 수 있는가에 대한 의문을 제기하는 것이다.

성도가 탕"한니 츠자가긔 슆건만은   聖道가 坦坦하니 찾아가기 쉽건마는

구린산니 놉파신니 너머가긔 어렵쏘다   九仞山이 높아서 넘어가기 어렵도다

침"장야 가지말고 명"빅일의 가즈셔라   浸沈長夜 가지 말고 明明白日에 가자스라

가다가 져물거던 회암의 드러즈고   가다가 저물거던 晦庵에 들어가 자고

명도셔 길을 뭇고 이쳔의 비을 쩌여   明道에서 길을 묻고 伊川의 배를 띄워[105]

염계로 닉려가셔 광풍계월 밝은 고듸   濂溪[106]로 내려가서 光風霽月 밝은 곳에

공즁누각 귀경하고 용음으로 닉려가셔   空中樓閣 구경하고 龍吟[107]으로 내려가서

종성공듸 귀경후의 븍셩공듸 귀경하고   宗聖公댁[108] 구경후에 北聖公댁[109] 구경하고

---

105 유교적 의미의 '귀도(歸道)', 즉 진리의 길로 들어서는 과정을 유학(儒學)의 대표적 인물로서 형제인 정명도(程明道, 1032-1085)와 정이천(程伊川, 1033-1107)의 이름에 빗대어 표현한 것이다.

106 염계(濂溪)는 주돈이(周敦頤, 1017-1073)의 호(號)이다. 주돈이는 북송의 유학자로, 성리학(性理學)의 시조로 추앙받는 인물이다. 여기서는 정명도 – 정이천 – 주돈이에 이르는 학문적 계승의 의미로 쓰였다.

107 용음(龍吟)은 주자의 서당 또는 독서처를 의미한다. 용음서당(龍吟書堂) 또는 용음산방(龍吟山房)은 중국 복건성 무이산(武夷山) 인근에 있었다고 하며, 주자(朱熹, 1130-1200)가 용암(龍巖)에서 강학하며, 그 소리를 '용의 울음소리 같다' 하여 '용음'이라 이름 붙였다고 전해진다. 용음서당(龍吟書堂)은 주자가 제자들을 가르치며 머물렀던 곳 중 하나로, 자연 속에서 학문과 도를 실천하는 유학자의 이상적 거처로 인식된다. 따라서 '용음으로 내려간다'는 것은 주자의 도학 세계로 들어간다, 주자의 수양처에서 참학문을 체득하다는 뜻으로 이해할 수 있다.

108 종성공(宗聖公)은 중국 춘추시대의 유명한 유학자 증자(曾子), 본명 증삼(曾參)을 가리키는 존칭이다. 증자는 공자(孔子)의 제자로서 효행과 도덕성을 중시하였으며, 『효경(孝經)』의 저자로 알려져 있다. 그의 학문과 덕행은 후대에 큰 영향을 미쳤으며, 중국 역사에서 '종성공'이라는 칭호로 추앙받았다. 중국의 여러 지역에는 증자를 기리기 위한 사당이나 건축물이 존재하며, 이러한 장소들은 '종성공댁(宗聖公宅)' 등으로 불리기도 한다.

109 북성공(北聖公)은 북송의 성인인 정이천(程伊川)또는 정명도(程明道)로 보아야 한다.

술셩공되 귀경후의 아셩공되 귀경하고   述聖公대[110] 구경 후에 亞聖公대[111]구경하고

힝단을 발리본니 만셰츈광 ㅈ〃한디   杏壇[112]을 바라보니 萬世春光 자자한데

하마하면 볼듯ᄒ되 앙지이고 탄식하고   하마하면 볼듯하되 仰之彌高[113] 歎息하고

참지이건 어이할리 쳠지지젼 언듯하여   鑽之彌堅 어이하리 瞻之在前 언뜻하여

홀련지후 무어로다   忽焉在後 無語로다

불원쳘리 왔다가셔 집귀경도 못하오면   不遠千里 왔다 가서 집구경도 못하면

젼공가셕 되ᄂ니라   前功可惜[114] 되느니라

어아 후싱들아   어와 後生들아

ㅊ〃로 근렴하야 니집귀경허여셔라   차차로 勤廉하여 이집 구경 하여스라

己亥臘月初九日絶筆

현대역

어와 친구 벗님네야 집구경 가자꾸나

집이야 많건만 찾아갈 집 따로 있다.

남경의 봉황대 무한의 황학루는 선비의 구경처요

낙성대 악양루는 소객의 구경처라

---

110 술셩공(述聖公)은 '述而不作(술이불작)'이라 한 공자의 말처럼, 도를 창시하진 않고 계승하고 전한 자를 말한다. 여기서는 중국 송나라의 유학자 주희(朱熹)를 가리킨다. 주희는 성리학을 집대성한 인물로, 그의 학문적 업적을 기리기 위해 '술셩공'이라는 칭호가 사용되었다.

111 아셩공(亞聖公)은 공자 다음의 성인, 맹자(孟子)를 가리킨다.

112 행단(杏壇)은 공자가 가르침을 베풀던 장소를 말한다.

113 『논어』「子罕편」에서 유래한 표현이다. "子曰 : 仰之彌高, 鑽之彌堅, 瞻之在前, 忽焉在後.(우러러보면 더욱 높고, 파고들수록 더욱 견고하며, 앞에 있는 듯 바라보아도, 어느새 뒤로 사라져 있구나)"

114 전공가셕(前功可惜): 이전에 들인 노력이 아깝다, 즉 지금까지의 노력이 헛되이 될 수 있으니 안타깝다는 뜻.

우주에 빗겨 서서 상고 마을 생각하니

아마도 좋은 집은 공자님 집이구나.

문산은 동쪽 산이요, 사수는 붉은 띠처럼 흐르는 강이며,

농산은 서쪽 백호로 서고, 문수는 동쪽 청룡으로 배치되었네.

주공께서 높으신 도덕으로 좋은 터를 닦아 놓으시고,

울타리 세워 커다란 집을 이루셨도다.

오행으로 개주하고, 인의예지로 기둥세워

삼강오륜으로 대들보 얹고, 팔조목의 도리 얹어

육십사괘 빼어내어 개개연목(箇箇椽木) 얹어놓고

삼백팔십사 효수로 차례차례 앉혀 걸어놓고

오십겹 흙으로 단단히 토대를 쌓고,

태극의 원리에 따라 지붕에 기와를 얹었도다.

일월성신(日月星辰) 창호((窓戶)하고 하도낙서로 단청을 하니

아, 참으로 장대하고 훌륭한 집이로다! 이런 집이 또 어디 있겠는가.

삼팔목은 동문이 되고, 이칠화는 남문이며,

사구금은 서문이요, 일육수는 북문이라.

인문(仁門)을 높이 열고 의로움의 길을 크게 닦으며

예악의 문을 갖추어놓고, 오는 손님을 맞이하니

궁궐의 담장은 높고 높아 누가 감히 넘겨다볼 것인가.

풍호무우 영귀자 증점은 당상에 올라가고

누항춘풍 단표사 안회는 방안 깊이 숨고

자로, 염우, 중궁, 민자건같은 자들도 문 안에 겨우 드네

공자의 칠십제자와 삼천인을 어찌 다 헤아릴 수 있겠는가

성인의 도는 평탄하여 찾아가기는 쉬우나,

구인산이 높고 험해 넘어가기 어렵도다.

어두운 긴 밤길 가지 말고, 밝고 환한 날에 떠나라.

가다가 날이 저물거든 회암에 들어가 자고

정명도(明道)에게 길을 묻고, 정이천(伊川)의 학문을 따라 배를 띄워

염계(濂溪)의 강을 따라 내려가, 광풍제월(光風霽月) 맑은 곳에

하늘 위 누각을 구경하며, 다시 용음(龍吟)으로 내려가서

종성공댁 구경한 후에 북성공댁 구경하고

술성공댁 구경한 후에 아성공댁 구경하고

행단을 바라보니 만세의 봄빛이 가득한데

곧 닿을 듯하지만 우러러보면 더욱 높아 탄식하고

파고들수록 더욱 견고하니 어이하리

앞에 있는 듯 바라보아도, 어느새 뒤로 사라진 줄 모르도다

천릿길 멀다 하지 않고 찾아왔다가 집구경도 못하면

모든 공력과 수고가 허망해지리라.

아, 후배들이여, 차츰차츰 근면히 힘써 수양하여,

이 집 구경 하자꾸나.

요약하면 이 작품은 유교적 도덕과 학문의 경지를 '집'에 비유하여, 도를 닦고 덕을 쌓아 궁극적으로 '집으로 돌아가는 것'을 인생의 목표로 삼는 철학적 가사이다. 공자와 제자들, 역사 속 성군들의 도덕적 기반 위에 세워진 집은 오행과 예악, 인의예지로 단단히 다져졌으며, 진정한 인문과 도덕의 터전으로 누구나 가고 싶지만 쉽게 도달하기 어려운 이

상향으로 묘사되었다.

라. 약방문(藥方文)

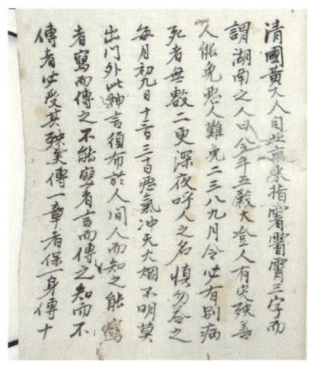
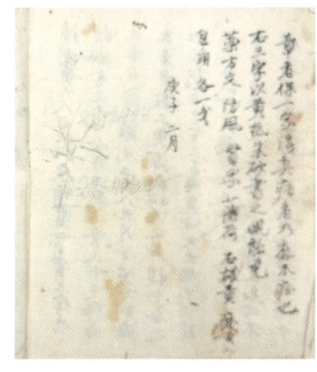

약방문1 약방문2

〈역대가〉와 〈퇴계선상지로가〉 다음에 6장이 빈 장이고, '庚子 二月' 의 필사기가 있는 한문으로 쓴 1장의 약방문이 있다. 그 내용은 아래와 같다.

청국의 황대인(黃大人)이 북경에서 와서 '雨+者', '雨+首', '霄' 세 글자 를 가리키며 호남 사람들에게 말하기를, "올해 오곡이 크게 풍작을 이 루겠으나 사람들에게 갑작스러운 재앙이 있을 것이다. 착한 사람은 이를 면할 수 있지만, 악한 사람은 피하기 어렵다. 2월, 3월, 8월, 9월 에 반드시 특별한 병이 있어 죽는 사람이 수없이 많을 것이니, 한밤중 에 2경(밤 9시-11시)이 깊을 때 사람의 이름을 부르면 절대(진짜로) 대답 하지 말라. 매달 9일, 13일, 30일에는 악한 기운이 하늘로 치솟고, 불

빛과 연기가 희미하니, 그때는 절대로 문밖으로 나가지 마라. 이 신령스러운 말을 반드시 인간 세상에 퍼뜨려야 하니, 이를 아는 사람은 능히 글을 쓸 수 있으면 글로 써서 전하고, 글을 쓰지 못하는 사람은 말로 전해야 한다. 알고도 전하지 않는 자는 반드시 그 재앙을 받을 것이다. 한 장을 전하면 한 몸을 보호하고, 열 장을 전하면 한 집안을 보호할 수 있다. 그 병에 걸리는 자는 바로 마비병(痲木病[115], 일종의 중풍)이다. 오른쪽 세 글자는 황지(黃紙)와 주사로 써서 빠르게 전하면 재앙을 면할 수 있다."

약방문: 방풍(防風), 관중(貫衆)[116], 박하(薄荷), 석유황(石硫黃)[117], 마황(麻黃)[118], 조각(皂角)[119] 각각 1전(약 3.75g).

---

115 마목병(痲木病)은 한의학에서 사용되는 용어로, 마비(痲)와 저림(木)의 증상을 함께 나타내는 병을 가리킨다. 구체적으로는 신체의 일부가 저리고 감각이 둔해지거나 마비되는 상태를 말한다. 현대 의학적으로는 신경계 질환 또는 말초혈액순환 장애로 설명할 수 있다.

116 관중(貫衆)은 한의학에서 사용되는 전통 약재로, 양치식물에 속하는 관중초(貫衆草, Dryopteris crassirhizoma)의 뿌리줄기를 말린 것이다. 관중은 주로 해열, 해독, 그리고 구충 작용이 있는 약재로 사용되었다.

117 석유황(石硫黃)의 오기로 보인다. 석유황은 유황(Sulfur)의 한 형태로, 전통 한의학과 민간 요법에서 사용되었던 약재이다. 유황은 광물성 약재로, 석유황은 자연 상태에서 채취한 광물성 유황을 가리킨다.

118 마황(麻黃, Ephedra sinica)은 전통 한의학에서 오랜 기간 사용되어 온 약재로, 식물 마황과(麻黃科)에 속하는 식물의 지상부를 건조하여 약재로 사용한다. 마황은 특히 발한(땀을 내는 것)과 기침, 천식, 기관지염 등 호흡기 질환을 치료하는 데 효과적인 약재로 알려져 있다.

119 조각(皂角, Gleditsia sinensis)은 콩과에 속하는 나무인 조각자나무(Gleditsia sinensis)의 열매로, 한의학에서 전통 약재로 사용됩니다. 조각은 주로 가래를 없애거나

경자년 2월

淸國黃大人自北京來 指자(雨+者) 수(雨+首) 霄(소) 三字而謂湖南之人曰, 今
年五穀大登人有突殀, 善人能免, 惡人難免. 二三八九月令必有別病死者無數,
二更深夜呼人之名, 眞勿答之. 每月初九日十三日三十日, 惡氣沖天, 火烟不明,
莫出門外. 此神言須布於人間, 人而知之, 能寫者寫而傳之 不能寫者言而傳之
知而不傳者 必受其央矣. 傳一章者保一身, 十章者保一家 得其病者乃癲木病
也. 右三字以黃低朱砂書之 迅能免

藥方文 防風 貫衆 薄荷 石碓黃 麻黃 皂角 各一錢

庚子二月

　이 기록은 일종의 예언서 또는 재앙에 대한 경고문이다. 청국에서 온
황대인이라는 인물이 전염병과 재앙을 예언하고, 특정 시기에 사람들
의 행동을 조심하도록 경고하며, 재앙을 피하는 방법으로 신령한 말을
퍼뜨리라고 한다. 특히, 특정 날짜와 시간에 악한 기운이 발생하니 외출
을 삼가고, 밤중에 사람의 이름을 부르면 대답하지 말라고 당부하고 있
다. 마지막으로, 재앙을 막기 위한 약방문(약 처방전)이 제시되어 있는데,
이 약방문은 전염병이나 마비병(중풍)을 예방하기 위한 것으로 보인다.
이 글은 호남 지방에서 떠도는 소문을 글로 옮겨 놓은 것으로 보인다.

피부 질환을 치료하는 데 효과가 있다고 알려져 있다.

15 진ᄃᆡ방젼(陳大邦傳)·이진사젼(李進士傳)

가. 『진ᄃᆡ방젼(陳大邦傳)』1900년 2월 12일 필사

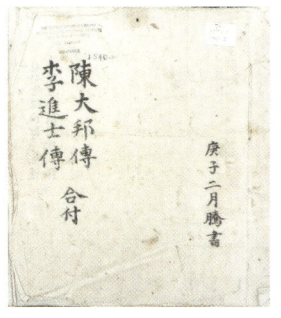

『진대방전』 표지   『진대방전』 본문   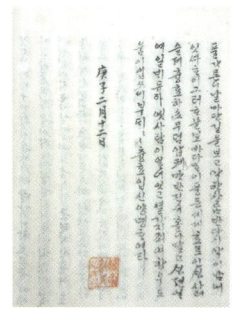

필사기

전술한 『陳大方傳』(1898년 필사)과 같은 소설로 필사본이다. 『이진사전(李進士傳)』과 합철되어 있으나, HOLLIS에는 별도의 항목으로 등재되어 있다. 표지에 '庚子二月謄書'라는 묵서가 있고 '庚子二月十二日'이라는 필사기가 있어, 1900년 2월 12일에 필사하였음을 알 수 있다. 필체를 보아, 고이즈미 데이조 자신이 필사한 것으로 보인다. 橋本彰美之印[주문방인] 장서인이 있다.

나. 이진사전(李進士傳): 1900년 2월 24일 필사

표제는 '이진사전'으로 되어 있으나 기존에 알려진 연애소설 『이진사전』이 아니라 『이태경전(李泰景傳)』이다. 이 작품은 영웅의 일생을 기본 구조로 삼아 전개된다. 내용은 크게 세 부분으로 나눌 수 있다. 전반부는 이 진사의 효행을 중심으로, 중반부는 이 진사의 애정사를 중심으로,

후반부는 이 진사의 아들 형제가 우애로 전쟁을 종식하는 내용을 중심으로 전개된다. 이복형제가 전장에서 만나 형제임을 깨닫고 전쟁을 멈춘다는 전개가 독특하며, 영웅소설의 일종이라 할 수 있다.

『이태경전』은 작자·연대 미상의 고전소설로 1권 1책의 한글필사본이다. 이본 현황을 살펴보면, 국문필사본으로 『이사마충효록(李司馬忠孝錄)』(1권 1책)을 비롯하여 『리진사효힝녹』(2종)·『이틔경젼』(17종)이 있다. 활자본으로는 『리태경젼(李泰景傳)』(1916)·『삼국이대장전(三國李大將傳)』(1915·1917·1926 4종) 등 많은 이본이 전한다.

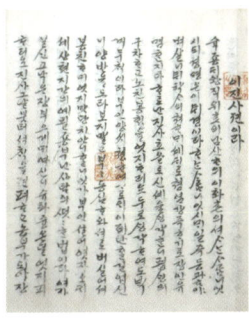
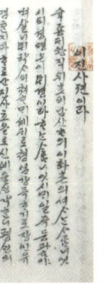
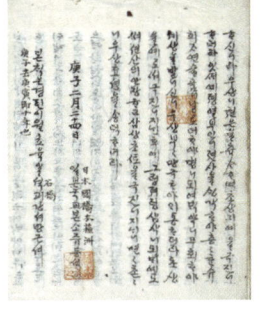
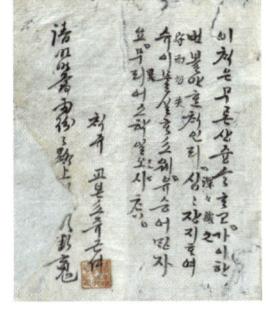

『이진사전』 본문　　　　　　『이진사전』 필사기　　　　　　『이진사전』 장서기

이 책은 필사한 권말에 '경자년 2월 24일 일본국 하시모토 쇼슈 베끼다(庚子二月二十四日 日本國 橋本蘇洲 / 일본국 교본소쥬등셔)'라는 필사기가 있고, 이어서 '본칙은경린이월쵸육일셕괴(石橋)강셔방근셔/庚子去庚寅卽 十年也'라고 쓴 묵서가 있다. 이를 통해 이 책이 경인년(1890년) 2월 6일 석교의 강서방이 쓴 것을 10년이 지난 경자년(1900년)에 베낀 것임을 알 수 있다. 또 권말에 다음과 같은 장서기가 있다.

이 책은 상중하는 말할 것도 없고 가히 한번 볼만한 책인데, 깊이 숨겨두어 잃어버리지 말 것이다. 맹자보다 낫고 소학과 다르지 않다.

이칙은 무론상즁ㅎ고 가이 한번 볼만한 칙인듸 심심장지(深深藏之)ㅎ여 슈이물실(守而勿失)ㅎ소웨 유승어밍자요 무리(異)어소학일오(オル)시(セ)춤

이 책은 신분에 관계없이 한번 읽을 만한 책이니 깊이 간직하여 잃어버리지 말되, 오히려 맹자(孟子)보다 낫고 소학(小學)과 다르지 않다'고 하였다. '橋本彰美之印[주문방인]' 장서인이 있다.

┃ 16 옥단춘전(玉丹春傳) 1900년 3월 21일 필사

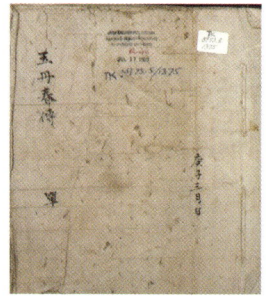

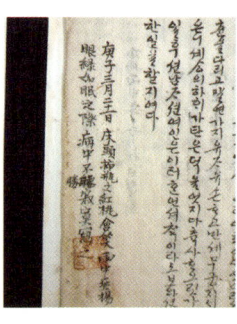

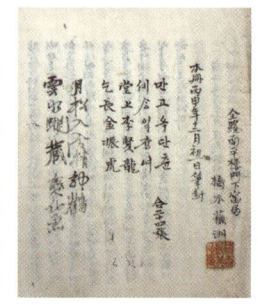

『옥단춘전』 표지　　　　권말 필사기1　　　　권말 필사기2

『옥단춘전』은 작자·연대 미상의 고전소설이다. '곽씨경전'·'이어사전'이라고도 한다. 현재 10여종 이상의 필사본이 전하고 있다. 내용은 조선 숙종 때 재상의 아들인 김진희와 이혈룡의 우정 문제 및 이혈용과 평양 기생 옥단춘의 사랑을 다루었다. 이 책에는 표지에 '庚子三月日'이

라고 적혀 있고, 필사가 끝난 후 아래와 같은 묵서를 적어 놓아서 역시 고이즈미가 나주에 기거할 때 베껴 쓴 소설임을 알 수 있다.

> 경자년(1900년) 3월 21일 침상 머리 화병에 꽂힌 붉은 복사꽃은 웃음
> 을 머금고
> 빗속 수양버들 눈앞에 하늘거리는 때, 병중 적막함을 이기지 못해 베
> 껴쓰다.
> 전라 남평루 문 아래 머물며 하시모토 쇼슈.
> 이 책은 병신년(1896) 12월 1일에 필봉하다. 합하여 24장이다.
>
> 庚子三月二十一日, 床頭揷瓶之紅桃含笑, 雨中垂楊眼綠如眼之際, 病中不勝
> 寂寞寫之.
> 全羅南平樓門下寓居 橋本蘇洲
> 本冊丙申年十二月初一日筆封 合二十四張

이름 뒤에 '橋本彰美之印[주문방인]' 장서인이 있고 그 뒷부분에 한시
를 베껴 놓은듯한 묵서가 있다.

> 堂上李賢龍 乞長金振虎

현전하는 『옥단춘전』의 등장인물인 이혈룡(李血龍)이 이현룡(李賢龍)
으로, 김진희(金眞喜)는 김진호(金振虎)로 표기되어 있다. 또 걸장은 이
혈룡인데 김진호로 되어 있다.

17 목충효전(牧忠孝傳)

가. 목충효전 1900년 3월 24일 필사

『목충효전』 표지

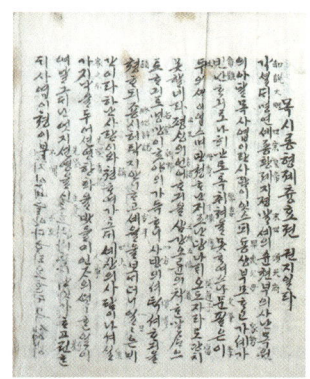

『목충효전』 본문

『목충효전』은 '목시롱형제츙효전'이라는 권수제를 가지고 있다. '목
시룡전', '목엽전' 등의 제목으로 형제 사이의 우애를 주제로 한 조선 후
기 작자 미상의 윤리소설이다. 명나라 세종 때 순천부에 사는 목염의 아
들 쌍둥이 형제의 충효에 관한 내용으로 이루어져 있다. 주인공인 시룡
과 시호 형제가 시기하지 않고, 서로 극진히 우애하는 내용을 여러 가지
플롯으로 얽어 놓았다. 형제 사이의 우애는 고전소설의 중요한 모티프
로서, 이 작품은『적성의전』·『흥부전』·『장현전』·『창선감의록』등과 함
께 조선 후기 우애 담론의 특징을 보여 준다. 또한 이 작품은 지옥의 참
혹상을 묘사하고 있는데, 이것은 조선 후기에 등장하는 지옥의 형상화
와 명부 체험을 다룬 서사적 전통과 관련이 있다고 한다.

책 표지에 '庚子三月二十四日始騰'이라는 묵서가 있어, 등사 시점이

1900년 3월 24일임을 보여준다. 전술한『옥단춘전』을 마치고 필사했거나 같은 시기에 필사하였음을 알 수 있다.

나. 평양기홍도낭군젼상셔

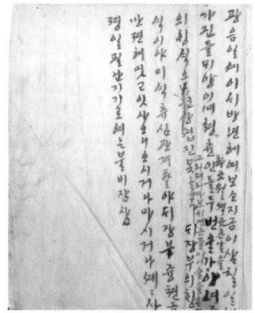

평양기홍도낭군젼상셔

이 책의 말미에는 '평양기홍도낭군젼상셔'라는 이름의 언문편지가 함께 편철되어 있다. 제목으로 보아, 비록 별책으로 묶였지만 같은 시기에 필사된『옥단춘전』을 언급할 때 종종 논급되는 김우항(金宇杭) 설화의 '홍도'와 관련성이 있지 않을까 생각한다. '김우항 설화'는 숙종 때 김우항이라는 사람이 과거 급제하기 전에 불우하게 살다 강계부사(江界府使)로 있던 이종(姨從)에게 도움을 청하였는데 이종이 오히려 그를 감금하려고 하자 김우항은 이로부터 도망쳐 나와 기생 홍도의 도움으로 과거에 급제하고 평안감사가 되어 이종의 죄를 벌한다는 내용이다.

이 이야기는『옥단춘전』의 구성과 아주 유사하여, 『옥단춘전』이 김우항 설화(說話)를 소설화한 것이라 하기도 하지만, 조선 후기에 몰락한 사대부에 대한 기생의 동정적 사랑, 또는 몰락 양반들의 암행어사 입신 등을 통해 불우한 처지를 보상받고자 하는 욕구 등의 모티프는 조선 후기에 상당히 보편적인 것이었다. 따라서 이러한 모티프들이 결합하여 『춘향전』이나 『옥단춘전』 등의 소설이 이루어진 것이라 볼 수 있다.

평양기홍도낭군젼상셔

일죠낭군 하즉후에 음신이 영졀ᄒ니 지쳑이 쳘리로다
관산이 격졀ᄒᄂ가 약슈가 갈이워나 어안죠차 돈졀ᄒ니 쇼식인들 슈젼홀되
분벽사창 비친 달은 상심ᄒ난 비치어늘 젹막공산 우는시는 단장ᄒ는 쇼리로다
원앙침 비취금을 눌과 하냥 가치잘고 에후루쳐 싱각ᄒ면 다후리쳐 허사로다
진실노 그러량이면 어이 그리 못오는가 디야동두졈ᄉ산에 산이노파 못오시나
쵸산퇴산 담박운에 구룸막혀 못오시나 쉬과양쥬 귤만거에 귤에삿여 못오시나
장셩일명 용ᄉ슈에 물에막혀 못오시나 빅마금편 야유원에 치힝업셔 못오시나
천금쥰마 환쇼쳡ᄒ여 그쳡그려 못오시나 청산만리 일고쥬에 그비타고 못오는가
청산이북 슈화빈에 문슈벽유시쳡 가이 야월삼경사오시에 이늬집이 차져오쇼
유쥬연쥰 ᄒ여스니 일빈 ᄉᄉ부일빈보 몽농이 쉬케먹고 무궁무진 권쥬할졔

일٪시٪ 그리든 회포 차례٪٪ 다편후에 쳥누주렴 노피것고 완월동췌 ㅎ 사미라

동원도리 편시츈은 나할말살 아니로되 역녀가튼 건곤이요 유슈가튼 광음일셰

이늬방년 헤여보쇼 지금이 삼칠일셰 (화죠월셕 죠흔날을) 가진들 미양이며 쳥춘인들 두 번 올가 (그리져리 다 보늬면 근들아니 슬을숀가)

아녀ㅈ의 힝싁으로 ??상셥진 못ㅎ오니

딕장부의 힝싁이야 미싁츄싱 관겨찰야 딕장부 즁쳔금만 전혀밋고 잇 사오니

오시거나 마시거나 셰٪사정 일필 난기기로 여는 불비쟝상

하루아침에 낭군과 하직(下直)한 후에 소식(음신:音信)이 영 끊어졌으니 지척이 천리입니다.

관산(관산)이 격절(隔絶)한가요 약수(弱水)[120]가 가리웠나요.

편지[121]조차 끊어졌으니(頓絶) 소식인들 받겠습니까.

여인의 방에[122] 비친 달은 상심하는 빛이거늘 적막공산(寂寞空山) 우는 새는 애 끊는 소리로군요.

---

120 약수(弱水)는 봉래약수(蓬萊弱水)의 준말. 봉래산(蓬萊山)은 약수(弱水) 너머에 있다는 뜻으로, 신선이 사는 봉래산은 멀리 약수를 사이에 두고 있다는 의미에서, 서로 아득히 떨어져 있다는 의미.

121 어안(魚雁): 물고기와 기러기라는 뜻으로, 편지나 통신을 이르는 말.

122 분벽사창(粉壁紗窓)은 하얗게 꾸민 벽과 비단으로 바른 창을 뜻하는 말로, 여자가 거처하는 아름답게 꾸민 방을 이르는 말.

원앙침(鴛鴦枕) 비취금(翡翠衾)을 누구와 하냥 같이 잘까요.

에후루쳐 생각하면 다후리처 허사로군요

진실로 그럴 양이면 어이 그리 못오십니까.

대야동두 점점산(大野東頭 點點山)[123] 산이 높아 못 오시사요

초산태산 담박운(楚山太山 曇박?雲)에 구름이 막혀 못 오시나요

취과양주 귤만거(醉過楊州 橘滿車)[124]에 귤에 싸여 못 오시나요

장성일면 용용수(長成一面 溶溶水)에 물이 막혀 못 오시나요

백마금편 야유원(白馬金鞭 冶遊園)[125]에 치행(治行) 없어 못 오시나요

천금준마 환소첩(千金駿馬 換小妾)[126]하여 그 첩 그리워 못 오시나요

123　장성일면 용용수(長成一面 溶溶水) 대야동두 점점산(大野東頭 點點山)
'긴 성벽 한편으로는 넘쳐넘쳐 흐르는 물이요, 넓은 들 동쪽에는 한점한점 산이로다'
고려시대 시인으로 유명한 김황원(金黃元, 1045-1117)이 평양 모란봉 부벽루에서 지
은 시이다. 김황원은 평양 부벽루에 올라가서 그곳에 걸린 평양의 산천을 읊은 시구들
이 한결같이 신통하지 못하다고 모두 태워버렸다. 그리고, 스스로 시를 지어 걸기로 작
정하였다. 그러다가 해가 질 무렵에야 겨우 이 시 한 구를 얻었다. 그러나 끝내 그 짝을
채우지 못하고 통곡을 하며 내려왔다는 일화가 전한다.

124　취과양주귤만거(醉過楊州橘滿車) 만당의 두목(杜牧, 803-852)이 술에 취해 양주
청루 거리를 지나면, 기녀들이 던진 귤이 수레에 가득 쌓였다는 고사에 온 말이다. 『춘
향전』에서는 이도령을 소개하며 '醉過揚州橘滿車'를 읊었다. 『청구영언』에는 다음과 같
은 시조도 실려 있다. '이태백(李太白)의 주량(酒量)은 긔 엇더여 일일수경삼백배(一日
須傾三百盃)고 두목지(杜牧之) 풍도(風度) 긔 엇더여 취과양주(醉過楊州)이 귤만차(橘滿
車)이런고 아마도 둘의 풍도 못밋즐가 하노라.'

125　백마금편(白馬金鞭)은 흰 말에 금채찍, 즉 호사스러운 행장을 한 모습을 말한다.
야유원(冶遊園)이란 기생 있는 술집이니, 호사스런 행장을 하고 기생이 있는 술집에 간
다는 의미이다.

126　이백(李白, 701-762)의 '襄陽歌(양양가)'에 나오는 문구로, 후한(後魏) 사람 조창
(曹彰)은 준마를 보면 기어이 사야만 직성이 풀렸는데, 주인이 말을 아껴 팔지 않으면

청산만리 일고주(靑山萬里 一孤舟)에 그 배 타고 못 오시나요

청산이북 슈화빈(청산이북 수화빈)에 문슈벽유시첩

가이 야월(夜月) 삼경사오시에 이내 집에 찾아오소서

유주연준(有酒연樽)하였으니 한잔 한잔 또 한 잔으로

몽롱히 취하게 먹고 무궁무진 권주할 제

시시때때 그리던 회포 차례 차례 다 편 후에

창루주렴(娼樓珠簾) 높이 걷고 완월동취(玩月同趣)하심이라

동원도리편시춘(東園桃李片時春)[127]은 나할말살? 아니로되

덧없고 허무한 세상[128] 유수같은 세월이네요.

이 내 나이 세어 보세요. 이제 스물한 살이니

(좋은 시절[129] 좋은 날을) 가진들 늘 그럴 것이며 청춘인들 두 번 올까요

(그리저리 다 보내면 그것인들 아니 닳을손가)

아녀자의 행색으로 ??상섭진 못 하오니

대장부의 행색이야 용모[130]를 관계하겠습니까

대장부 중천금만 전혀 믿고 있사오니

오시거나 마시거나 세세한 사정 편지로 남기소서.

애첩(愛妾)과 바꾸었다고 한다. 『獨異志』

127 동원도리편시춘(東園桃李片時春): 동쪽 뜰의 복숭아꽃 오얏꽃도 짧은 봄에만 피
는구나. 즉 꽃도 인생도 잠깐이니 지금 즐겨야한다는 뜻. 춘향가 사설에도 '동원도리편
시춘(東園桃李片時春) 아니 놀고 무엇 허리'가 나온다.

128 역려건곤(逆旅乾坤): 덧없고 허무한 세상을 비유하여 이르는 말

129 화조월석(花朝月夕): 꽃 피는 아침과 달 밝은 밤. 곧, 경치가 좋은 시절을 이르는 말

130 미색추심(美色醜甚): 용모의 아름다운 정도?

여기는 다 갖추지 못하고 편지 올립니다.

18 『한어유취(韓語類聚)』 1900년 11월 20일 필사 시작

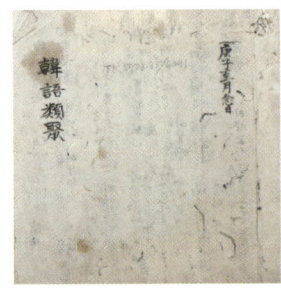
『韓語類聚』표지

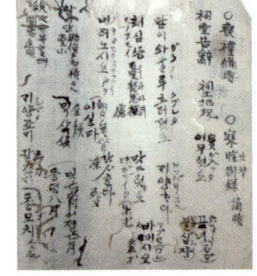
喪禮備要

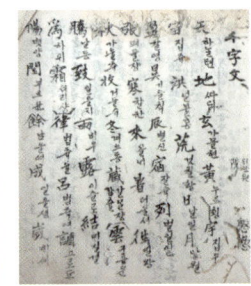
千字文

『한어유취』는 한글 필사본으로 제목에서도 알 수 있듯이 온갖 언어 자료를 다 모아 놓은 책이다. 물명류 형식의 어휘와 '상례비요(喪禮備要)', '천자문(千字文)', '육자박이', '줄거리' 등 많은 한국 민요와 판소리, 속담, 방언 등이 수록되어 있다. 표지에 '庚子至月 念日'이라는 묵서가 있어, 1900년 11월 20일(음력)에 필사한 것으로 보인다. 이 시기는 고이즈미 데이조가 전라도 나주에 머물던 시기이다.

조선총독부는 식민지 정책 수립을 위한 기초자료 수집의 일환으로 민요 채집을 시행하였는데, 그 결과가 1912년경에 시행한 「이요·이언 및 통속적 서적 등 조사(俚謠·俚諺及通俗的讀物等調査」였다. 김형태(2012)에서는 이것이 한일합방 직후 국가적 차원에서 이루어진 성과로서 그 의의를 지닌다면, 『한어유취』는 특정 지역을 기반으로 개인에 의해 채록된 결과물이라는 의의를 지니고 있다고 보았다. 한일합방 직전인

19세기 말 조선에 거주하던 일본인이 조선어를 정리하면서 당시에 사용하던 방언과 지역에서 부르던 민요를 여과 없이 채록함으로써 19세기 말의 생활상을 살펴볼 수 있는 자료라고 본 것이다. 그러나 필자는 고이즈미 데이조의 이러한 기록들이 단순한 개인적 취향으로 이루어진 것이 아니라, 앞으로 실시하게 될 기초자료 수집을 이미 시작한 것으로 본다. 고이즈미 데이조와 같은 일본인들이 이미 조선 곳곳에서 이러한 작업을 진행했으리라고 보는 것이다.

『한어유취』의 전체 분량은 표지 포함 82면이다. 각 면의 행수와 글자 수는 일정하지 않지만, 대체로 한 면당 8-10행에 20-25자가 필사되어 있다. 아울러 한자나 한글 좌우에 가타카나(かたかな, 片假名)를 병기(併記)한 경우가 있고, 보사(補瀉)한 곳도 적지 않다. 아래 표는 김형태(2012)를 참고하여 전체 구성을 정리한 것인데, 일부 차이가 있다.

연번	항목명	쪽	주요 내용
1	喪禮備要·寒暄剳録 簡牘	2	祠堂告辭·祠土地祝 및 어휘
2	千字文	3-4	68자(天 하놀텬-淡 말글담)
3	註釋 竝欠	4-6	일상 회화 및 어휘
4	祭儀節祀薦新	7-10	薦獻之品·祭饌物式·葬則諸具·月命之品.開塋域 祠土地具·穿壙之具·穿葬之具·發引之具
5	六字拍이	11-14	육자배기 8수(首)
6	즁거리	15-24	중거리 1수, 〈춘향전〉, 〈적벽가〉 일부
7	虞祭祝	25-53	축제문(祝祭文) 〈삼국지〉 일부
8	九州名號 儀註 외 기타	54-82	중국 9주에 대한 주해(註解) 소열왕(昭烈王), 후주(後主) 설명 〈삼국지〉 일부 대화체 일상어 정리 〈파랑새〉 등 기타 민요 20수

가장 먼저 필사한 『상례비요』는 본래 조선시대 학자 김장생(金長生)
이 신의경(申義慶)의 초본을 바탕으로 여러 『가례』 연구서와 조선의 시
속(時俗)을 반영하여 상례와 제례를 시행할 때 지침이 되도록 편찬한 예
법서인데, 전체를 필사한 것이 아니고 '祠堂告辭·祠土地祝'이라는 제목
만 있다. 이어서 『한훤차록』이라는 제목 아래에 어휘들이 기록되어 있
다. 『한훤차록』은 서간문의 형식 및 내용에 대한 것을 모아 기록한 유서
(類書)인데, 그 아래 내용을 보면 일상 어휘이고 제목만임을 알 수 있다.

여무럿소 / 實カ入ツタ

고녀(石女) 불십쟝 /男めルウテナシ (譯: 남자를 즐겁게 하지 못하다)

담이 와굴루 / ガラ〈(ガラ) 흐러졋소 / クツレタ

기양ᄒ다 サツハリスル

홰심쓩 / ?オモイ 憂愁思慮

맛드럿소 / 味ガツイタ(果オ)(譯: 맛이 들었다)

(束オ) 쌔개시오 / ツブセ(ワレ) (譯: 부수어라 / 깨라)

미러노시오 戶ヨ テヨセテオキナナイ

이실따(?) / 朝兒ノ華ニスタリ

강ᄉ호다 / 凍死タ

할미단 / 路傍ニ石積タル 堂山

믹삭쏫[131] / 昼顔

---

[131] 마삭꽃이 아닌가 함. 우리나라에서는 전라남도, 경상남도, 제주도 등 온난한 기후
를 가진 지역에서 흔히 볼 수 있다. 해안가나 남쪽 산지에서 자생하는 경우가 많다.

밋근六月 어결七月 둥덩八月

稅? 츄복홀태 聞喪追服

기양죠기

칼죠기 / 馬刀

돌모치

이어지는 '천자문'은 68자만 적혀 있고, '註釋 竝欠'이라는 제목 아래 회화용으로 사용된 듯한 한국어 단문과 친족어휘가 있다. 일부는 우측에 가타카나로 일본어 의미가 쓰여 있다.

물이 셴다 / のどかカワク

渴症이 난다 / 먹이 모른다

술잔이나 ㅈ싯구나

알타령을 ᄒ난 거시 보니기

고상은 무슨 고승이요 / ナニ ドウイタシマシテ(뭐요. 천만의 말씀입니다)

누왕(단지) 붓친다 / カケル

오곰쟝에 션ㅈ방/扇子房 꿈인다

ᄆ음/意이 변혼다

嫂/슈 兄婦

娣/누유 아짐 弟嫂

누유(누이) 아짐(아주머니)과 같은 남도 방언이 반영되어 있다. 제례 및 월령(月令) 관련 물목, (物目)상례 관련 물목 등을 적은 '祭則 祭具' 항목으로 이어진다.

'六字拍이'에는 육자배기 8수가 적혀 있고, '즁거리'에는 중거리 1수, 〈춘향전〉, 〈적벽가〉 일부가 적혀 있다. '우제축(虞祭祝)'은 우제사에 쓰인 축문이다. 우제사는 장례를 지낸 후에 지내는 제사로, 초우(初虞)·재우(再虞)·삼우(三虞)의 총칭인데, 이 부분에는 축제문과 그 내용에 포함된 어휘에 대한 설명이 기록되어 있다.

육자배기는 여섯 박자로 된 노래로 '육자박이(六字拍이)'의 전라도 사투리를 어원으로 하고 있다. 애처롭게 흘러내리는 비애와 끊어질 듯 애절한 恨을 특성으로 한다. 여섯 박자로 불리는 노래가 제목으로까지 나타난 것은 〈육자배기〉가 유일하다고 한다. 이곳에 실린 육자배기를 인용하면 아래와 같다. (현대역은 필자, 이하 동일)

1

쥭엇다니 쥭엇다니 南原골 春香이가 쥭엇다니
셩문삼취 맛고 옥사쟝이가 츈향을 업고 샹단이는 칼머리 들고
츈향 엄시는 미음 그릇 들고 더듬더듬 나오던니 옥담을 부어잡고
옥즁의 이만하고 안즈시니 엇든 친구 벗님이 날 아니 츠즈 오는쿠나

죽었다네 죽었다네 남원골 춘향이가 죽었다네
형문[132] 세 번 맞고 옥사장이[133] 춘향을 업고 향단이는 칼머리 들고

132　형문(刑問)은 신장(訊杖 또는 荊杖)을 사용하여 죄인의 정강이를 때리는 고문이다. 이때 사용되는 신장은『경국대전(經國大典)』에 규격이 명시되어 있다.

133　옥사장(獄鎖匠): 옥에 갇힌 사람을 맡아 지키던 사람.

춘향 어머니는 미음그릇 들고 더듬더듬 나오더니 옥(獄) 담을 부여잡고

옥중에 이만하고 앉았으니 어떤 친구 벗님도 날 아니 찾아오는구나

2

바룸은 울며들며 번기는 번젹번젹 구진비는 쎄붓는듸

돗챕이는 쓔군쓔군 귀신는 두련두련 머리풀고 탈망한(는) 구신

셩쟝 틱쟝 사모도리쟝 마져 죽은 구신 츈향 치민귀 물고

빙빙 도라셔 감도라 쓴늬 엇든 일가친척 왓셔 날 추추 볼쿠나

바람은 울며들며 번개는 번쩍번쩍 궂은 비는 퍼붓는데

도깨비는 수군수군 귀신은 두런두런 머리 풀고 탈망(脫網)한 귀신

형장(刑杖) 태장(笞杖) 삼오돌이장(杖) 맞아 죽은 귀신 춘향 치맛귀 물고

빙빙 돌아서 감돌아 뜨네 어떤 일가친척 와서 날 찾아볼까나

3

져건네 동빅나무 밋틱 낭ㅈ 큰이기 두리 나션늬

눈을 쥬ㅈ한니 졔 몰고 손을 치자한니 인간이 얼며

밋친놈으로 알거쿠나 죽엇든 혼빅 넉시라도 만나를 볼컨나

저 건너 동백나무 밑에 낭자 큰애기 둘이 나섰네

눈을 주자하니 제 모르고 손을 치자하니 인간이 어르며

미친놈으로 알겠구나 죽었던 혼백 넋이라도 만나를 볼까나

4

져건네 물방이집의 보리방이 쑬거던 쑬거던

친는 져 큰아가 성이 셕슴 호장 쟌누비 졉져구리

지름씨 쌀금[134] 무든 늬 사랑아

쥭엇든 혼빅이라도 혼번 만나를 볼쿠나

저 건너 물방앗집의 보리방아 뚤거덩 뚤거덩

찧는 저 큰아가 형의 적삼 호장 잔누비 겹저고리

기름때 살짝 묻은 내 사랑아

죽었던 혼백(魂魄)이라도 한번 만나를 볼까나

5 [135]

져건네 갈미봉의 비가 무더셔 들어셔온다

우쟝을 허리이다 둘이고 논이 지심을 밀쿠나[136]

저 건너 갈미봉의 비 묻어서 들어서온다

---

134 쌀금: 살큼. 살짜기의 방언

135 문화재청 문화재 전문 위원인 이소라가 채록하여 정리한 『영암의 민요』에 최을암(영암군 신북면 장산리 주암 마을, 1909년생, 남), 강대희(영암군 도포면 수산리, 1929년생, 남), 김세원(영암군 도포면 수산리, 1912년생, 남)이 구연한 가사가 수록되어 있는데, 최을암의 구연으로 채록된 「갈미봉」은 주로 「육자배기」 곡의 노랫말로 애용된다. "저건네 갈미봉 비가 묻어 오네, 우장을 어리에 두르고 지심을 매 보세" [출처] 한국학중앙연구원 향토문화전자대전

136 지심매다: 김매다의 방언

우장(雨裝)을 허리에다 두르고 논에 김을 매보자꾸나

6

져건네 쌍창문 안의 상쥬 쓰는 져 큰익아

쳥목 초미는 거머야 조코 비단 초미는 불거야만 좃코

만오뒤속 솟것그리는 훨신 넓어야만 죠코나

저 건너 쌍창문 안의 상주 짜는 저 큰애기야

청목 소매는 검어야 좋고 비단 소매는 붉어야만 좋고

만오뒤속 속곳가래는 훨씬 넓어야만 좋구나

7

승상제원 연만키로 이를 큰고 죽은

져 쭈견니 하고만한 공산두고 늬챵박계 셜이 운야

네 우름 네 셔럼 일곡조의 좀둘 가망이 젼이 업쿠나

승상제원 연많기로 애를 끊고 죽은

저 두견이 하고많은 공산(空山) 두고 내 창 밖에 섧이 우냐

네 울음 네 설움 일곡조에 잠들 가망이 전혀 없구나

8

스랑이 무어신지(모도다 무어사냐) 좀둘기 젼이도 못잇겐네

이지리야 잇즈하고 벽을 안코셔 도라롤누나

벽이 모다 사랑이 뵈여 벽상이 모도다 임형상

눈이가 어리삼ㅅ하얏셔 쏘구나 못 잇깃쿠나

사랑이 무엇인지 잠들기 전에도 못 잊겠네

이제는 잊자 하고 벽을 안고서 돌아눕누나

벽이 모두 사랑으로 보여 벽상이 모두 다 임 형상

눈앞이 어리삼삼하여 또구나 못 잊겠구나

『한어유취』에 기록된 '六子拍이'는 현대에 전해지는 육자배기와는 그 형식이 많이 다르다. 장절 곧 마루의 끝이 '─거나 헤'로 맺지 않고, 시조시 형식을 이루고 있는 것도 없다. 아직 잡가화의 과정을 거치지 않은 상태라고 볼 수 있다(허경진 박은애:291 참조). 뿐만 아니라 전라도 방언을 여과 없이 반영하고 있어서 방언사 연구에 좋은 자료가 된다.[137]

『한어유취』에는 '중거리'로 분류한 한 편의 민요가 있다. 다른 민요들과는 달리 육자배기 뒤에 바로 이어서 적고 있다.

영창문 안늬 달계 곤이 집피 든 잠 계우 씬이

집보되ㅅ(ヤットノコトデ) 이러나 계오르게 지ㅅ기ㅎ며

분찌 미션 노로소롬 구실짬은 숑왈ㅅㅅ

포리쏭은 담슝ㅅㅅ 밀지름의 졀은 머리 ㄱ닥ㅅㅅ 흣터지고

유문항나 지우슈건 이리 쏫침 저리 쏫침 가로 쏫침 모로 쏫침 쏫침ㅅㅅ

---

137 이에 대한 연구는 별고에서 다루고자 한다.

무름 밋튀 잔 다시 눌룰 쩍이 머리를 쏭이고 오쬴ᄾᄾ 나간(온)다

오쬴ᄾᄾ 나갈(올)계 장방 양청 번슈네 이기 인심를 과이 도ᄾ아 이럿썬이

취열 잇ᄌ나 거듸면 일븐 ᄉ졍이 업슬이라

영창문(映窓門) 안의 닭이 곤히 깊이 든 잠 겨우 깨우니

겨우겨우 일어나 게으르게 기지개켜며

분때 미션 노로꼬롬 구슬땀은 송알송알

파리똥은 담숭담숭 밀기름에 절은 머리 가닥가닥 흩어지고

유문항라 기우수건 이리 조침 저리 조침 가로 조침 모로 조침 조침조침

무릎 밑에 잔 다시 누를떼기 머리를 동이고 오졸오졸 나간(온)다

오졸오졸 나갈(올) 때 장방 양청 번수네 애기 인심을 과히 도도아 잃었더니

취열 잇자나 거드면 잃은 사정이 없으리라

중거리는 가락을 분류하는 것으로서, 육자배기 뒤에 분류한 것을 보면 이 편은 진양조로 불린 노래가 아니라 중거리로 불린 노래로 보인다. '구주명호의주(九州名號 儀註)'의 '구주'는 중국 고대에 전국을 나눈 9개 주의 명칭인데, 요순우대(堯舜禹代)의 기(冀), 연(兗), 청(靑), 서(徐), 형(荊), 양(揚), 예(豫), 양(梁), 옹(雍)의 현재 위치와 지리 및 '사이(四夷)'에 대해 설명했다.

그밖에 육자배기나 중거리처럼 저자가 의식적으로 분류해놓지 않은 민요들이 있다. 이 민요들은 대개 '秘訣' 뒤에 대화체의 말이나 단어들이 적힌 다음에 아무런 설명이나 제목 없이 나타난다.

湖南 羅州 守護軍는 東學軍을 자부랴고

산지四方에 보발 노왓네

쵸토영이 아라노니 行軍하라는 슈칙이 난니

쵸〻 일쵸 이쵸 삼쵸 긋티 各處 大將軍 졸이 다 메와든다

긔키 챵검은 셔리는 펄〻 大왕 구두치로 先鋒을 삼고

行軍에 듯틔소리로 발을 마즈 츤보디 마흔녁 즈리로 승견힌니

〈한어유취 74〉

호남 나주 수호군은 동학군을 잡으려고

산지 사방에 보발(步撥) 놓았네

초토령(焦土領)에 알았노니 行軍하라는 영칙(슈飭)이 났네

초초 일초 이초 삼초 끝에 각처 대장군졸이 다 모여든다

그러기에 창검은 서리는 펄펄 대왕 구두채로 선봉을 삼고

행군에 두태소리로 발을 맞춰 촌보대 마흔 넉 자리로 승전했네

2

亂離가 난니 亂離가 난니

古阜 뒤통산이 亂離가 난니

先鋒將軍은 全봉진(捧準)이 中鋒大將軍은 金계남[138]이

---

138 김개남(金開南, 1853-1895)은 19세기 후반 동학농민운동 당시 호남창의소 총관령 등을 역임한 동학교단의 호남 대접주이다. 1890년경에 동학에 입도하였고 이후 삼례집회와 보은집회 때 큰 활약을 하여 대접주가 되었다. 1894년 동학농민운동이 일어

古阜樓戰에 승젼허고 進軍大將는 崔慶宣(景先)[139]이

그 질로 도라셔 羅州골 바리보고

數万名 軍쭐 함몰ᄒ고 崔景先이 軍卒 다 죽어난다

〈한어유취 74〉

난리가 났네 난리가 났네

고부 뒷동산에 난리가 났네

선봉장군은 전봉준이 중봉대장군은 김계남이

고부루전에 승전하고 진군대장은 최경선이

그 길로 돌아서 나주고을 바라보고

수만명 군졸 함몰하고 최경선이 군졸 다 죽어난다

나자 총관령직을 맡아서 동학농민군의 중심 지도부가 되었다. 2차 봉기 이후 북상하는 과정에서 청주성 전투가 전개되었는데, 이곳에서 대패한 후 체포되어 1895년 1월 처형되었다.

139 최경선(崔景善, 1859-1895)은 1894년(고종 31) 동학농민전쟁 당시 농민군 지도자이다. 본명은 영창(永昌), 자는 경선(卿宣). 동학 관련 자료에는 경선(敬善, 慶善) 등의 이름으로 불리기도 하였다. 1893년 11월 고부 인근의 동학접주들이 중심이 되어 농민봉기를 준비했던 사발통문(沙鉢通文) 거사 계획에 참여하였다. 1894년 정월 전봉준(全琫準) 등이 중심이 되어 일으킨 고부민란에도 중요한 역할을 하였다. 즉, 동학교도 300명을 집에 집결시켰다가 고부농민 1,000여 명과 합세해 고부관아를 습격했던 것이다. 같은 해 3월 제1차 농민봉기 백산(白山)에서 농민군을 조직할 때, 영솔장(領率將)의 직책을 맡았다. 이후 동학농민군이 전라도 서남해안을 돌아 5월 6일 전주성에 입성할 때까지 선봉에서 지휘하였다. 우금치전투에서의 패전 이후 12월에 전라남도 동복현 벽성에서 농민군의 모집을 시도하다가 수성군에게 체포되었다. 이듬해 3월 29일 전봉준·손화중(孫華中) 등과 함께 갑오개혁을 주도한 친일개화정권의 법무아문 권설재판소(權設裁判所)에서 사형판결을 받았다.

3

져 건네 암산 千金大虎란 놈이 쌍불 쎤니

져 건네 一초 포슈더라 ᄉ롬이 살여쥐쇠

〈한어유취 75〉

저 건너 앞산 천금대호란 놈이 쌍불 섰네

저 건너 일차 포수더라 사람 살려주소

4

고사리로 집을 지여 원졀노 大門 두라

大門 안이 져 큰아야 뉘 간쟝을 녹이랴고

져리 곳게 싱기는야 은을 쥬랴 돈을 듀랴

銀도 실고 錢도 실고 져 건네 가는 道令 도리

죠마니이 도리 石鐵만 날을 쥬소

〈한어유취 75〉

고사리로 집을 지어 원절로 대문 달아

대문 안에 저 큰 아이야 뉘 간장을 녹이려고

저리 곧게 생겼느냐 은을 주랴 돈을 주랴

은도 싫고 돈도 싫고 저 건너 가는 도령 도리

주머니에 도리 석철만 내게 주소

5

져 건네 평풍바우 밋틔 빙빙 쩌든 범나부야

海棠花을 너를 쥬랴 牧丹花 鳳仙花을 너를 쥬랴

海棠花도 내샤 실고 牧丹花 鳳仙花도 늬사 실고

져 건늬 草堂 안의 줌든 큰악이 모도 다 늬 사랑이로쿠나

저 건너 병풍 바위 밑에 빙빙 떠든 범나비야

해당화를 너를 주랴 목단회 봉선화를 너를 주랴

해당화도 내사 싫고 몬한화 봉선화도 내사 싫고

저 건너 초당 안에 잠든 큰아기 모두 다 내 사랑이로구나

6

져 건네 草堂안에(앗페) 百年 은약쵸를 승것드니

百年 은약쵸는 아니 나고 今年 離別花草곳시 萬發하여쿠나

〈한어유취 76〉

저 건너 초당 안에(앞에) 백년 언약초를 심었더니

백년 언약초는 아니 나고 금년 이별화초꽃이 만발하였구나

7

싀야 싀야 프랑싀야 만슈문젼이 豊年싀야

너 무어 다라 나왓느냐

숑ᄼ 입도 퍼러ᄼᄼ 夏節일라 나왔드니

白雪 풀ᄼ 山낭기 모도 다 ᄼ쥬건네

져 건네 쳥슈녹슈쌰지가 날 쇽연네(東軍노리)

〈한어유취 76〉

새야새야 파랑새야 만수문전의 풍년새야

| 4 | 고이즈미 데이조의 한국어 학습 과정과 장서(藏書) • 163

너 무엇 따라 나왔느냐

숑숑 잎도 푸릇푸릇 여름이라 나왔더니

백설 풀풀 산 나무가 모두 다 죽었네

저 건너 청수 녹수 가지가 날 속였네

8

좌中의 안진 사룸 본듸업시 平安ᄒᆞ오

男兒何處不求道ᄒᆞ니 이 다음에 다시 보면 구면이라

座中의 안진 스룸 눈을 쥬자 ᄒᆞ니 졔가 몰나

손을 치쟈 ᄒᆞ니 남이 알가 십곡

어너 죽은 홀연 혼빅이라도 날아 둠슉 보듬아 가ᄌᆞ라 (男四堂)

〈한어유취 76〉

좌중에 앉은 사람 본데없이 평안하오

남아하처불구도하니 이 다음에 다시 보면 구면이라

좌중에 앉은 사람 눈을 주자 하니 제가 몰라

손을 치자 하니 남이 알까 싶고

어느 죽은 홀연 혼백이라도 날아 담숙 보듬어 가거라 (남사당)

9

三綱五倫으로 빅을 무어 孝子忠臣烈女로 닷슬 다라

孔孟顏曾 사공 삼고 堯舜 옷답 문ᄌᆞ이 짜득이 씨럿스니

엇더한 걸쥬風패을 만난들 그 빅 破船혈쿠나

〈한어유취 77〉

삼강오륜으로 배를 만들어 효자충신열녀로 닻을 달아

공맹증삼으로 사공 삼고 요순 웃답 문문이 가득히 실었으니

어떠한 걸주풍패를 만난들 그 배 파선하겠는가

10

봉도 나 뛰고 학도 나 씌고 □안 山城 줄블 놋늬

살이렁 쑹덩실 노다 가계 (사랑舍廊노뤼)

〈한어유취 77〉

봉도 나와 뛰고 학고 나와 뛰고 □안 山城 줄불 놓네

살이렁 뚱덩실 놀다 가게 (사랑노래)

11

바룸은 쑹팅 물결은 씰렁〻 빗머리 빙빙 쩌도는듸

임진강 도사공이 赤壁江 구신이 훌일업시 다 되얏쿠나

〈한어유취 77〉

바람은 뚱탱 물결은 찔렁쮜ㄹ렁 뱃머리 빙빙 떠도는데

임진강 도사공이 적벽강 귀신이 하릴없이 가 되었구나

12

陸路로 千里 水路로 千里 濟州 二千里을 드러가니

양씌 쓰는 져 큰아야 져 山 이름이 무어이냐

우리도 양찍 쓰러셔¹⁴⁰ 父母恭養 허니라고

그 山이름이 몰낫드니 濟州 漢낙山이람니

〈한어유취 77〉

육로로 천리 수로로 천리 제주 이천리를 들어가니

양떼 따르는 거 큰아이야 저 산 이름이 무엇이냐

우리도 양떼 따라서 父母恭養 허니라고

그 山이름이 몰랏더니 濟州 한라산이라네.

13

비 나온다 비 나온다 江陵 景포디셔 비 나온다

쵸록 갓튼 졔 물걸이 양디 돗슬 갈나 셰고

이이기야 디이기야 닷 감는 소리

馬山浦 큰이기들이 치미 발임 되야쿠나

좀든 白鷺 갈미기 다 나라쯘다

〈한어유취 78〉

배 나온다 배 나온다 강릉 경포대에서 배 나온다

초록같은 저 물결에 양대 돛을 갈라 세우고

에이기야 데이기야 닷 감는 소리

마산포 큰애기들이 치마 발임 되었구나

잠든 백로 갈매기 다 날아든다

---

140 쓸다: 딸다. 「방언」 '따르다'의 방언(강원, 전남, 제주, 충청). 제주 지역에서는 '뜰
다'로도 쓴다.

14

쏭짜라 가자 쏭짜라 가자 뒤동산의 힝즈나무 그늘 속이

쏭짜라 가즈 쏭도 짜고 임도 보고 겸ᄉ겸ᄉ 가자 (밧노릐)

〈한어유취 78〉

뽕따러 가자 뽕따러 가자 뒷동산의 행자나무 그늘 속에

뽕따러 가자 뽕도 따고 임도 보고 겸사겸사 가자(밭노래)

15

돈 실너 가자 돈 실너 가자 靈光 법셩으로 돈 실로 가쟈

져 건네 일국지명당이 豊年식가 안져 울음을 우니

丙子丁丑年은 겜을니 잇카라 겸인年 大豊時 들거든 감도라 들거라

〈한어유취 78〉

돈 실러 가자 돈 실러 가자 영광(靈光) 법성(法聖)으로 돈 실러 가자

저 건너 일국지명당(一國之明堂)에 풍년새가 앉아 울음을 우니

병자정축년은 게을리 있거라 경인년 大豊時 들거든 감돌아 들거라

16

기야ᄼᄼ 곰졍기야 물 모린 밥을 너를 쥴 졔

믹기 실어 너를 쥬엇냐 빅가 불너 너를 쥬엇냐

밤즁밤즁 夜半中이 情든 임 오시거든 칫지 마라고 너를 쥬엇지

〈한어유취 78〉

개야 개야 검정개야 물에 만 밥을 너를 줄 때

먹기 싫어 너를 주었냐 배가 불러 너를 주었냐

밤중밤중 야반중에 정든 임 오시거든 짖지 말라고 너를 주었지

17

치미져구리 파라다가 쳥동하리 빅다슈셰

약탕관을 거러놋코 모진놈 지미드러 울리 임 가는 줄을 몰낫쿠나

〈한어유취 79〉

치마저고리 팔아다가 청동하리 백다수세

약탕관을 걸어놓고 모진 놈 재미들어 우리 임 가는 줄 몰랐구나

18

물 질너 가쟈 ⅍⅍⅍ 한씨 시암으로 水汲로 가자

(再考) 水汲로 去쟈 ⅍⅍ 폿도가리[141] 폴이 걸고 玉동우[142]를 엽퓌 씨고

갓가온디 시암물 버리번지고 먼디 시암물 질너 가자

〈한어유취 79〉

물 길러 가자 물 길러 가자 함께 샘으로 水汲하러 가자

水汲하러 가자 가자 팥독 팔에 걸고 옥동이 옆에 끼고

가까운 데 샘물 버려버리고 먼 데 샘물 길러 가자

---

141 도가리는 '독'의 전남 방언이다. '폿'는 '팥'이라는 의미도 있는데 여기서는 어떤
의미로 쓰였는지 알 수 없다.
142 동우는 '동이'의 전남 방언

19

얄굿더라 일굿더라 우리 洞內 혼 큰익기

져녁밥을 일즉먹고 폿오가리[143] 폴이 걸고

玉東우를 엽픠 씨고 大門 박계 쏙 나셔니

이리가므셔 쯔웃ㅅㅅ 져리 가므셔 쯔웃ㅅㅅ   〈한어유취 79〉

만나쿠야 ㅅㅅㅅㅅ 情든 임을 만낫구야

희여든다 ㅅㅅㅅㅅ 삼밧디로 희여든다

굴근 삼디 씰어지고 쟈근 삼디 망을 보고

치미 버셔 치월치고 허리씌 버셔 병풍 씨고

져구리 버셔 볘계삼고 단슛것 버셔 요를 쌰라

쇽겻 벼셔 이블을 삼고 우리두리 이러다가

아기를 븨으면 어열혓개

그거실낭 곡경 마라 이니 쯈치이 약 드럿다

그 藥 먹어 안 듯거든 뒤통산이 능슈버들

우쥭ㅅ쥭 흘더쌰가 푹ㅅ 씨려셔 혼 보이(버이)만 마시면

무쇠라도 졔가 졀노 녹아난다   〈한어유취 80〉

얄궂더라 얄궂더라 우리 동네 한 큰애기

저녁밥을 일찍 먹고 팥항아리 팔에 걸고

옥동이 옆에 끼고 대문 밖에 쏙 나셔니

이리 가면서 기웃기웃 저리 가면서 기웃기웃

---

143 오가리는 '항아리'의 전남 방언

만났구나 만났구나 정든 임을 만났구나

희여든다 희여든다 삼밭으로 희여든다

굵은 삼대 쓰러지고 작은 삼대 망을 보고

치마 벗어 채월 치고 허리띠 벗어 병풍 치고

저고리 벗어 베개 삼고 단속곳 벗어 요를 깔아

속곳 벗어 이불을 삼고

우리 둘이 이러다가 아기를 배면 어떡하나

그것일랑 걱정 마라 이 내 주머니에 약 들었다

그 약 먹어 안 듣거든 뒷동산의 능수버들

우죽죽죽 훑어다가 푹푹 달여서 한 보이만 마시면

무쇠라도 제가 절로 녹아난다.

20

오라바니 ⅔ ⅔ ⅔ 돈 닷돈만 날을 쥬소

이챵 화롱쟝 건네가셔 셰우즈 슈건 셕즈셰치 쩌다가

듸곡자지로 선을 둘러 공단으로 코를 짜라 말둑이다가 거러놋코

임도 닷고 나도 닷고 이 슈건이 쩌러지면 임에 졍도 업셔진다

〈한어유취 81〉

오라버니 오라버니 돈 다섯 돈만 내게 주소

이창¹⁴⁴ 화롱장 건너가서 세우자 수건 석 자 세 치 떠다가

대곡자지로 선을 둘러 공단으로 코를 따라 말뚝에다가 걸어놓고

---

144 현재의 전라남도 나주시 이창동(二倉洞)을 말함.

임도 닦고 나도 닦고 이 수건이 떨어지면 임의 정도 없어진다

21

씨질년아 발길년아[145] 딕동통편이[146] 목벨 년아

病든 家長을 누여 놋코 어린 子息[셕]을 좀드러 놋코

싀벽달 챤브룸이 밤봇타리(로 만날 싁쇠여) 닌다 (싸는구나)

〈한어유취 81〉

찢을 년아 발길 년아 대동통편에 목 벨 년아

병든 가장을 뉘어 놓고 어린 자식을 잠들여 놓고

새벽달 찬 바람에 밤보따리(로 만날 속여) 낸다(싸는구나)

　이상은 『한어유취』 말미에 채록된 민요인데, 노래 가사들을 보면 알
수 있듯이 해당 지역의 방언들이 반영되어 민요의 지역성을 확인할 수
있다. 허경진(2009)에서는 20편으로 보았으나, 중간에 〈10〉의 가사를
빠뜨렸다.

　지역의 특성상 동학군과 관련된 내용도 보인다. 특히 〈1〉, 〈2〉, 〈7〉은
동학군을 의미하는 「파랑새」를 소재로 한 노래들이다. 「파랑새」는 전래
민요로서 전국에 파급되는 과정상 가사 등이 각 지역마다 약간씩 다르
게 전승되었다. 〈1〉은 '호남 나주 수호군(湖南 羅州 守護軍)'(관군)이 동학

145 　찢다와 발기다(여러 조각이 나는 상태가 되게 하다)를 사용한 욕설. 〈참고〉 찢어
발기다

146 　조선 후기 법령인 『대전통편(大典通編)』을 잘못 쓴 것으로 보인다.

군을 잡기 위해 보발(步撥)을 활용하고, 정보를 입수한 후 승전했다는 내용이다. 〈2〉는 동학운동의 시발점이 된 고부민란(古阜民亂)[147]을 소재로 전봉준, 김개남은 승전했지만, 최경선은 패전하여 혁명이 몰락함을 대비하여 노래하고 있다. 동학 혁명 관련 인물의 실명(實名)이 등장한다는 점이 특이하다. 〈7〉은 동학혁명이 시기상조였음을 보여주는 내용이다. 〈21〉의 경우는 남도의 걸쭉한 욕설이 있는 그대로 표현되어 있다. 『한어유취』는 외국인에 의해 당시 사용하던 일상어가 가감 없이 기록되어 있기 때문에 생동감과 현장감 및 당대의 풍속 등을 고스란히 전달한다는 특성을 지니고 있다.

▎19 『한문논설(韓文論說)』 1900년 12월 14일 필사 시작

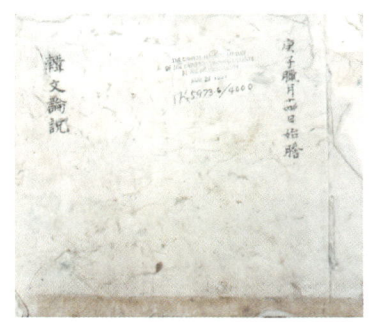 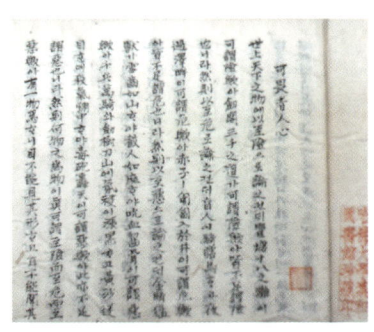

『한문논설』 표지   『한문논설』 본문, 장서인

---

147 고부(古阜) 민란은 1894년(고종 31) 1월 고부 군수 조병갑(趙秉甲)의 탐학에 격분한 고부의 동학접주 전봉준(全琫準)이 농민들을 규합하여 일으킨 농민 봉기이다.

한말의 제반 논설을 모은 필사본으로 유일본이다. 표지에 '庚子臘月 十四日 始謄'이라는 묵서 외에 필사기가 따로 있는 것은 아니지만, 여타 고이즈미가 필사한 책들과 비교할 때 필체가 동일하고, 小泉[주문방인] 장서인이 있다. 이 책은 국한문 혼용으로 쓰였으며, '가외자인심(可畏者 人心)' 외 50편의 논설이나 기사 등을 베낀 것이다. 小泉[주문방인] 장서 인이 있다.

필자의 확인 결과, 그가 인용한 기사는 모두 〈황성신문〉에서 채록한 것으로 1901년 1월 9일부터 5월 11일까지의 기사에서 가져온 것이다. 〈황성신문〉을 일본의 밀정이 읽고 필사한 사실은, 이 신문이 단순히 국 내 여론을 반영하는 언론 매체에 그치지 않고, 조선 사회의 민심·저항 의식·계몽운동의 중심 역할을 했음을 보여준다. 일본은 〈황성신문〉을 포함한 조선의 언론을 면밀히 감시하고 분석함으로써 조선 내부의 정 치적 동향, 반일 감정, 사회적 불만, 그리고 민족운동의 확산 정도를 파 악하고자 했다. 〈황성신문〉의 기사와 논설이 민족의식, 반일 담론, 애 국적 동원을 적극적으로 이끌었던 만큼, 일본 첩자들은 이를 직접 필사 하고 본국 또는 현지 기관에 보고해 정책 수립이나 통제 전략에 참고했 다. 이렇게 정보를 수집하는 행위는 일본 당국이 조선 사회를 효율적으 로 통제·관리하기 위해, 조선인의 여론과 지식인 담론, 정치·사회 상황 을 정확히 파악해야 했음을 의미한다. 요컨대, 〈황성신문〉은 근대 조선 에서 민족의식과 계몽운동의 구심점이었고, 일본 제국주의 입장에서는 주의 깊게 감시해야 할 '위험' 요소이자 동시에 실시간 정보원이었다는 점에서 그 존재 의의와 영향력을 확인할 수 있다.

기사 내용 가운데 '담론지방정황(談論地方情況)', '지방유생물자포기

(地方儒生勿自暴棄)', '아국(俄國의 대인관념(對日感念)', '제국신문정간변(帝國新聞停刊辨)', '논국채(論國債)' 등 당시의 대한제국의 정치나 사회 상황을 보여주는 내용들도 들어 있어, 그가 밀정으로서 활동하였던 정황을 감지할 수 있다. 그 출처와 내용을 보이면 아래 표와 같다.

순서	제목	출전 皇城新聞	내용 요약
1	可畏者人心 세상에서 가장 두렵고 경계해야 할 대상은 바로 사람의 마음이다	19010109	이 글은 세상에서 가장 위험하고 악한 것이 바로 사람의 마음임을 강조한다. 구당의 절벽이나 검각의 길, 맹수가 주는 물리적 위협은 실제로 존재하지만, 피할 수 있는 것이다. 그러나 사람의 마음은 그렇지 않다. 항상 우리와 관련되어 있으며, 교활하고 예측 불가능하며, 악의적으로 행동할 수 있다. 마음은 겉으로 드러나지 않지만, 서로를 해치려는 욕망과 기만을 품고 있어 세상에서 가장 위험한 존재로 간주된다. 이러한 위험성은 개인뿐 아니라 국가 간의 관계에서도 나타난다. 글의 결론은 사람의 마음이 가장 두렵고 경계해야 할 존재라는 점을 강조한다.
2	賞雪評詩 험한 바위와 늙은 가지처럼 천하의 짐을 짊어진 참된 재상을 기리며	19010111	이 글은 재상의 역할을 맡은 자가 그 직위를 어떻게 사용해야 하는지에 대한 성찰을 담고 있으며, 한유공과 같은 인물들이 진정한 재상으로서의 역할을 수행한 반면, 다른 인물들은 그 직위를 개인적인 이익을 위해 남용했음을 비판하고 있다. 마지막 부분에서 제자들은 스승의 마음속에 있는 감정을 이해하게 되었음을 보여준다. .
3	酒者無可霧不可 술은 무조건 좋다거나 나쁘다고 할 수 없다	19010112	술은 적절하게 마시면 좋은 역할을 하지만, 과하면 반드시 해를 입는다. 술이란 '무조건 좋거나 나쁜 것이 아니다(無可無不可)' 절제와 균형이 필요하다.

4	老釋偈言 노승의 게송	19010115	이 글은 불교 경전 『유마경』에 나오는 유마힐(維摩詰)의 이야기를 다루었다. 유마힐은 위대한 승려로서 병에 걸려 고통을 겪고 있다. 그의 병은 단순한 육체적 질병이 아니라, 중생의 고통을 함께 느끼기 위한 자비심의 표현이다. 그는 법화경을 읽으며 중생을 구제하려는 마음을 다졌다. 한 사리가 그에게 왜 중생을 걱정하느냐고 묻자, 유마힐은 세상의 많은 사람들이 무명(無明)과 집착에 빠져 병들어 있음을 지적하며, 이는 진정한 불법(佛法)을 이해하지 못한 결과라고 설명한다. 그는 자신의 병이 세상의 병과 깊이 연결되어 있음을 강조하며, 중생의 고통을 함께 느끼고 그들을 염려하고 있음을 나타낸다.
5	人乎人乎何能如鷄乎 사람이여, 사람이여, 어찌 닭과 같을 수 있 겠는가?	19010114	닭의 울음소리가 세상을 깨우고 사람들에게 중요한 역할을 한다는 것을 강조하고, 이를 통해 인간의 의식과 행동을 반성하게 한다. 닭의 울음소리는 단순한 자연 현상이 아니라, 사람들에게 중요한 깨달음을 주는 역할을 한다는 내용이다.
6	竊盜不熄地方之責 도둑을 없애는 지방 의 방책	19010119	이 글은 지방 도둑 문제의 확산 원인을 지방 관료들의 무능과 직무 태만으로 돌리고, 과거의 훌륭한 관리들의 사례를 들어 오늘날 관료들의 각성과 책임감을 촉구하는 내용이다. 과거의 관리들은 빈손으로도 지혜와 용기를 발휘해 도둑 문제를 해결했으나, 현대의 관료들은 자신의 책임을 방기하고 있다는 비판이 담겨 있다.
7	知人難之 사람을 알아보는 방법	19010121	이 글은 군자와 소인을 구분하는 어려움을 논하며, 소인이 권력을 잡았을 때 나라를 망치는 사례를 역사적 인물을 들어 비판한다. 특히 청나라 단왕의 행위가 나라를 혼란에 빠뜨린 대표적인 예로 언급되며, 권력자의 양심과 책임감의 중요성을 강조하였다.

8	地方儒生勿自暴棄 지방 학교 설립과 유생들의 반발	19010204	전통 향교의 타락으로 인하여 임금이 각 지방에 소학교를 설립하여 인재를 양성하려 했으나, 유생들이 이를 반대하고 방해하는 데 교육이 국가의 근본이므로, 개인과 국가 모두 학문을 경시해서는 안 된다. 타락한 전통을 유지하는 것보다, 올바른 개혁을 받아들이는 것이 중요하다. 어려운 환경에서도 학문을 게을리하지 않는 것이 진정한 학자의 자세이므로 유생들이 스스로 학문을 포기하는 것은 국가의 미래를 포기하는 것과 같다.
9	損而有孚元吉无咎 희생이 따르더라도 성실함이 있으면 크게 길하며, 허물이 없다.	19010205	이 글은 "손(損)"의 원리를 통해 신뢰(孚)의 중요성을 강조한다. 손익은 천지의 이치이며, 특히 국가를 다스릴 때 신뢰가 가장 중요한 요소임을 설명한다. 손익의 원리를 통해 다스림의 핵심은 신뢰임을 강조하며, 신뢰 없이는 백성이 나라를 사랑하지 않으며, 국가도 백성을 보호할 수 없음을 경고하고 있다.
10	聖人之化至于叔世 而著見 성인의 교화는 세상이 쇠할 때에 이르러서야 드러난다	19010206	성인의 법과 교화는 시간과 세대에 걸쳐 지속적인 영향을 미치며, 이는 인간 사회의 윤리와 질서를 유지하는 데 중요한 역할을 한다는 것을 강조하고 있다.
11	何莫非乎自取 무엇이 자초한 것이 아니겠는가	19010308	이 글은 흥망성쇠와 부귀빈천이 하늘이나 타인의 영향이 아니라 스스로의 선택과 행동에 의해 결정된다는 점을 강조한다. 개인이나 국가 모두 자신의 선택으로 결과를 만들어간다. 스스로의 책임과 노력을 통해 번영을 선택해야 함을 강조하고 있다.
12	南廓子記夢 남곽자의 꿈	19010309	이 글은 남곽자가 꿈속에서 자연과 새, 그리고 사람들을 관찰하며, 세상만사의 혼란과 진리를 깨닫는 모습을 묘사한다. 세상은 끊임없이 변화하며, 선악과 군자, 소인의 경계는 모호하다. 이는 깨닫기 어렵지만, 본질을 탐구하려는 노력이 중요하다는 깨달음을 전한다.

13	事之不如意者十常 八九 모든 일은 뜻대로 되지 않는다	19010312	이 글은 개인적 경험과 국가적 현실을 통해, 모든 일이 뜻대로 되지 않는 이유를 설명하고, 그것이 자연스러운 현상임을 받아들인다. 그러나 동시에, 국가와 개인이 함께 노력해 나아가면 이상적인 세상을 만들 수 있다는 희망도 표현하고 있다. 국가의 군사, 학문, 공업, 상업, 법률, 정치 등 여러 측면에서 문제점을 지적하며, 이를 해결하려는 노력이 부족함을 비판하고 있다.
14	種樹說 第一 나무 심기의 중요성	19010314	이 글은 나무를 심는 이점 다섯 가지와 산림 황폐화의 해로움의 다섯 가지를 구체적으로 설명하며, 산림 보호와 나무 심기의 중요성을 강조한다. 산림은 국가의 발전과 환경 보호의 근본이므로, 이를 적극적으로 보호하고 관리해야 한다는 교훈을 전하고 있다.
15	種樹說 二 나무 심기의 중요성	19010315	각국에서 나무 심기로 환경과 경제를 개선한 사례를 소개하고(예: 프랑스, 영국, 미국 등) 산림은 국가와 지역의 번영에 필수적이라고 주장한다. 러시아, 미국, 청나라, 인도 등에서 무분별한 벌목으로 황폐화된 사례를 보이고 산림은 인간과 환경, 경제에 큰 영향을 미치며, 이를 보호하고 가꾸는 것이 국가와 개인 모두의 번영을 위한 핵심임을 말한다.
16	大道正如此 이것이야말로 올바른 길이다	19010320	현실의 길을 닦아 넓고 평탄하게 만드는 것처럼, 삶의 길(도)을 닦아야 세상이 평온하고 사람들이 행복할 수 있다. 많은 사람이 힘들고 험난하더라도 빠른 성공을 얻기 위해 지름길을 선택하려 한다. 그러나 이는 종종 위험과 좌절을 초래한다. 이상적인 도는 평탄하고 바른길을 걷는 데 있다. 사람과 사회가 올바른 길을 버리고 지름길만 추구하는 현실은 큰 문제이므로, 도의 본질을 이해하고 따르는 것이 중요하다.
17	宦海風波 관직의 위험	19010321	관직은 위험이 도사리는 곳이다. 그러나 그 속에서 굳건히 서거나 용기 있게 물러나는 사람만이 진정으로 이름을 남길 수 있다.

18	浩嘆農書沈淪 농서가 묻혀버린 것을 깊이 탄식하다	19010325	서양 농학과 지리학, 양잠법 등이 상세히 기술되어 있어 국가와 백성에게 큰 이익을 줄 잠재력을 지닌 책인『농정신서』를 소개하고, 이 책이 출간된 지 20년이 되었지만, 실질적인 실행과 교육이 이루어지지 않아 방치되고 있으며, 나라 전체적으로 쓸 만한 책과 인재가 제대로 활용되지 못하고 있어 안타깝다. 책이나 인재가 방치되더라도 뜻을 잃지 말고 꾸준히 노력해야 한다.
19	遼界沿革 요동지역의 역사	19010326	요동은 본래 한반도의 영토였으나, 현재는 청나라에 속해 있다. 언젠가 다시 풍요로운 땅이 되길 기대하며 이를 기록으로 남긴다.
20	八字良詮 여덟 글자로 이루어진 훌륭한 처세의 기준	19010330	손사막(孫思邈)의 교훈인 "담력은 커야 하고, 마음은 작아야 하며, 뜻은 둥글고, 행동은 바르게 해야 한다.(膽大心小, 志圓行方)" 이 여덟 글자는 세상을 살아가며 나라와 백성을 이롭게 할 핵심적 원칙이며, 이를 실천하도록 유능한 인재들에게 권고한다.
21	辯客難 시찰제도(視察制度)에 대한 논쟁	19010401	조선 시대의 암행어사 제도는 지방 관리의 부정부패를 감찰하고 백성의 고충을 조사하는 역할을 했으나, 최근 시찰관 제도는 오히려 부패를 조장하고 있다는 비판이 제기되었다. 부패한 시찰관들이 지방 관리들과 결탁하여 뇌물을 받고 자리 보전을 도와주면서, 지방 행정이 더욱 부패하고 백성의 고통이 가중되고 있다. 이에 대해 감찰 제도는 고대부터 시행된 중요한 장치로, 세상이 혼탁해질수록 더욱 필요하다는 반론이 나왔다. 그러나 필자는 중앙정부가 청렴하면 지방도 깨끗해지므로, 핵심 문제는 감찰관 제도가 아니라 중앙정부의 공정성에 있다고 주장했다. 결국, 지방 정치의 부패를 해결하려면 감찰관 제도만으로는 부족하며, 중앙정부의 투명성과 도덕성을 확립하는 것이 최우선 과제라고 결론지었다.

22	生財有大道 재물을 얻는 큰 원칙	19010404	재정을 풍족하게 하려면 생산하는 사람이 많고, 소비하는 사람이 적으며, 생산 속도가 빠르고, 소비 속도가 느려야 한다. 그러나 우리나라는 일하지 않는 사람이 많고, 생산하는 사람을 억압하여 물자의 부족을 초래하고 있다. 부유한 자들이 백성을 착취하며, 관리들은 부패하여 국가의 재정을 낭비하고 있다. 가난한 백성들은 생계를 유지하지 못해 노동을 포기하거나 범죄자가 되어 생산 인구가 줄어든다. 정부와 개인이 지출을 절제하고 생산을 장려한다면 재정 부족 문제는 해결될 수 있다.
23	如ㅣ適出於南郊ᄒ 야 歇脚于野店이러 니 偶有所見이 可助 一粲故로 歸而記之 ᄒ노라 내가 남쪽 교외로 나갔다가 길가의 가게에서 잠시 쉬게 되었는데, 그곳에서 우연히 본 것이 나에게 작은 기쁨을 주어, 돌아와서 그 일을 기록하노라	19010406	남쪽 교외에서 잠시 쉬던 중 우연히 만난 세 명의 남자들의 이야기를 기록한 것이다. 한 남자가 나이가 마흔이 되어 형제처럼 존경하며 살아온 세월을 이야기하며, 개화가 가장 웃긴 주장이라고 말했다. 박수를 치며 웃은 또 다른 남자는, 공든 탑이 무너지지 않는다고 말하며, 씨 뿌리지 않고 수확하려는 태도를 비판했다. 턱수염을 기른 남자는 서양 법을 모방하는 것에 대해, 그 방법이 아무리 오래 쫓아가도 뱁새가 황새 따라 하듯 부작용을 일으킨다며 성내며 말했다. 뻗침머리는 개화가 이루어져도 그 목적이 무엇이냐며, 고려 시대의 고풍을 잃고 물가는 치솟으며 서민들의 삶은 더욱 힘들어진다고 주장했다. 마지막으로, 세상 일이 아무리 격변해도 죽기 전에 한 잔의 술이 더 소중하다고 말하며, 전원에서 할 일이 많다는 노래를 부르며 그늘의 현실을 되새겼다.

| 24 | 乞酒的雄辯
술을 위한 변론 | 19010413 | 봄꽃을 피우기에 알맞은 날씨 속에 자연은 아름답게 빛나고, 초목과 동물들이 생명의 기운을 얻어 활기를 띠고 있다. 청춘과 소년 시절은 다시 돌아오지 않으며, 자연은 새롭게 변화하지만 인간사의 어려움과 쇠퇴는 날로 심해진다. 세계 각국은 발전하며 번영하는데, 중국은 가시덤불 속에 막혀 어둡고 쇠퇴하여 마치 봄기운이 닿지 않는 옥문관과 같다. 세상의 모든 일은 스스로 만든 것이니, 늙어도 기운을 잃지 않고, 가난해도 뜻을 굳게 지키면 마침내 기회를 얻게 될 것이다. 절망에 빠진 이들에게 전하노니, 스스로를 일깨우고 기회를 잡으라—이 말을 들은 한 사람은 술을 마시고 흥에 겨워 춤을 추며 떠나갔다. |
| 25 | 墨國人種과 東亞人種과의 關係 | 19010413 | 멕시코 시골 지역의 원주민들은 몽골계 인종인 만주인, 일본인, 조선인과 용모가 유사하여, 멕시코인의 선조가 아시아에서 이주했을 가능성이 제기된다. 태평양 해류를 따라 아시아에서 표류한 사람들이 북아메리카 태평양 연안에 정착했을 가능성이 있으며, 과거 아시아와 아메리카 대륙이 육지로 연결되어 있었다는 지질학적 연구도 이를 뒷받침한다. 특히 멕시코의 '로스 하로' 지역에서는 중국식 토성과 중국인 무덤이 발견되었고, 아즈텍 문명이 중국과의 교류를 통해 영향을 받았을 가능성이 거론된다. 또한, 멕시코시티 국립박물관에 보관된 고대 멕시코의 달력은 율리우스력보다 483년 앞서 사용되었으며, 태양력보다도 정교하고 아시아적 사상의 영향을 받은 요소들을 포함하고 있다. 이러한 인류학적 연구와 멕시코의 문화 발전 과정을 고려하면, 멕시코와 아시아 인종 간에는 깊은 연관이 있으며, 이에 대한 추가적인 연구가 필요하다. |

| 26 | 俄國의 對日感念
러시아의 일본 인식
변화에 대한 담화 | 19010412 | 러시아가 일본을 대하는 감정은 국교 수립 이래 크게 세 시기로 구분된다. 첫 번째 시기(국교 시작 ~메이지 12~13년 무렵)에는 러시아가 일본에 대해 의심 없이 오히려 우호를 과시하며, 해·육군 군인의 방문 시 병영·병기·비밀사안까지 개방해 교육하고 자국 장교와 동등하게 대접할 정도로 화기애애했다. 두 번째 시기(메이지 12~13년 무렵~27~28년 무렵)에는 일본이 문물·군사를 빠르게 정비하며 떠오르는 강국으로 부상하자, 유럽·미국은 물론 러시아도 종전의 순수한 우호만으로 일본을 대할 수 없게 되었으며, 마치 질투하는 계모처럼 견제하는 태도를 보이되 여전히 친교를 유지하고자 했다. 세 번째 시기(메이지 27~28년 무렵 이후)에는 청일 전쟁 승리로 일본이 열강 반열에 오르자, 동방 경영에 주력하던 러시아가 일본을 동등한 '당당한 남자'로 대하는 예의를 갖추게 되었으며, 양국은 비로소 서로의 진면목을 인식하게 되었다. |
| 27 | 博士有四難
박사가 갖춰야 할
네 가지 어려움 | 19010415 | 박사라는 직위는 '박문·박람·박학·박식'의 뜻을 품고 태어나 예부터 오경·사문·국자박사 등으로 엄격히 선발되었으며, 경전 전반에서부터 의례·형법·재정·병제, 삼교·구류·사이·팔만 등 하늘·땅·풍토·생물의 이치까지 꿰뚫어야 비로소 맡을 수 있는 중책이다. 오늘날 서양 박사 학위도 천문·지리·정치·법률·물리·경제·의학·화학 등 대학 과정을 통달해야 주어지듯, 박사는 아무나 될 수 없음을 증명한다. 그러므로 학문 시험과 재능 평가를 통해 공정히 선발하지 않으면 박사의 명예는 쉽게 더러워지고, 반대로 혈통·권세·청탁·행패로 얻은 박사직은 허울뿐인 명성에 불과하다. 진정한 박사는 이름을 숨겨도 꿩처럼 날개를 퍼덕이며 저절로 드러나, 국가를 다스리고 전술을 운용하며 민생을 보살피고 외교를 지휘해 국왕의 체면을 지키는 데 책임을 다한다. 오늘날 학부에서 우수 인재를 발탁하는 풍토를 보며, 앞으로도 박사 선발이 나라의 미래를 밝히는 등불이 되기를 기대한다. |

| 28 | 談論地方情況
지방의 상황에 대한 논의 | 19010416 | 지방 관직 제도가 과거에는 감사·군수·현령 등 문무가 균형을 이루며 백성을 보살폈으나, 근세에 이르러 탐욕과 부패가 만연돼져 관료들이 무차별 수탈을 일삼아 백성을 극심한 빈곤과 굶주림에 몰아넣었다. 甲午 개혁 이후 불필요한 관직을 일괄 폐지하고 횡포 관리들을 해고함으로써 국민이 비로소 최소한의 생계를 유지할 수 있게 되었으나, 실제로는 여전히 관찰사·조세 징수관·광산 감독 위원 등 수많은 관리들이 난립하여 백성의 고통을 가중시키고 있다. 이들 관리들은 백성의 애환을 돌보기는커녕 학정과 압제를 지속해 민생을 더욱 피폐하게 만들고 있으며, 동학 잔당 혐의나 재산 약탈, 도적 소굴화 등으로 인해 정상적인 삶을 영위하지 못하는 이들도 다수이다. 지방 관료 개인의 선의나 명령만으로는 제도적·구조적 문제를 해결하기 어려워, 백성의 행복과 지방 상황의 실질적 개선은 오로지 집권자의 통치 방식과 정책 결정에 달려 있다. 결국 오늘날 지방이 안정을 되찾고 백성이 실질적 혜택을 누리려면, 난립한 관직과 관리 시스템을 근본적으로 정비·통제할 수 있는 중앙 차원의 강력한 개혁과 실행력이 필수적이다. |
| 29 | 寄書 乘桴生
길을 떠나며 편지를 남기다 | 19010417 | 최근 러시아와 청(만주) 간의 밀약은 단순히 북청만의 문제가 아니라 동양과 세계 전체에 중대한 영향이 있는 사건으로, 러시아는 오래전부터 만주를 철저히 노려왔으며, 현재 그 야심이 드러나고 있다. 만주가 러시아의 지배하에 들어가면 동양 전체가 위기에 처할 것이고, 일본 등 열강들도 이를 막기 위해 애쓰고 있지만 상황은 불확실하다. 조선 또한 이 거대한 국제정세의 일부로써 위기를 방관해서는 안 되며, 모두가 각성하고 대처할 필요가 있다. 귀사의 신문은 만주 사건을 외신으로 신속하고 명확하게 보도해 독자들에게 방향을 제시하지만, 외신 보도의 신뢰성에 대한 우려도 존재한다. 만주 밀약이 허위면 다행이지만, 사실이라면 동양과 세계 질서에 엄청난 격변이 일어날 것이므로, 귀사의 신중한 논평을 기대한다고 필자는 말한다. |

30	物貴之徵賤之兆 물가 상승의 징조와 하락의 조짐	19010418	몇 사람이 술자리에서 땔감, 토지, 주택의 가격이 급등하는 이유를 두고 논쟁하던 중, 한 손님이 나타나 시대적 상황에 따라 물가가 변하는 것은 자연스러운 일이라고 설명한다. 손님은 농번기에는 땔감 값이 오르고, 곡물 가격이 상승하면 토지의 가치가 높아지며, 철거된 집이 많고 외국인 거주자가 증가하면 주택 가격이 오르는 것이 당연하다고 말한다. 그러나 그는 관직의 가격이 급등했다는 소문이 도는 것을 이상하게 여기며, 관직이 물품도 아닌데 어찌 가격이 존재하는가라고 의문을 제기한다. 이에 술자리에 있던 사람들이 분노하며 관직 매매는 국가의 존엄성을 훼손하는 일이며, 현재 나라가 부패를 혁신하고 인재를 선발하는 중대한 시기에 그런 풍조가 남아 있을 리 없다고 반박한다. 손님은 웃으며 이런 괴이한 소문을 퍼뜨리는 자들이야말로 진정 미친 자들이며, 물가가 오르는 것은 하락의 조짐이라는 말이 있으니, 현재의 상황을 너무 염려할 필요가 없다고 말하고 떠난다.
31	民志定則國必昌 민심이 안정되면 나라가 반드시 번성한다	19010419	백성의 뜻이 안정되면 나라가 번성하는 것이 당연한 이치이지만, 현재 백성들은 각기 다른 이유로 뜻을 안정시키지 못하고 있다. 부유한 자는 허황된 출세를 좇고, 가난한 자는 생존을 위해 끝없이 고된 노동에 시달리며, 방탕한 자는 사치를 일삼고 법을 어기며, 우매한 자는 미신에 빠져 교화를 등진다. 탐욕스러운 자는 재물을 독점하며, 악덕한 자는 약탈과 살인을 저지르고, 유랑하는 자는 떠돌면서도 고통을 느끼지 못하며, 상류층 지식인은 자신의 이익만을 좇으며 국가를 돌보지 않는다. 그러나 개인들은 모두 각자의 뜻을 가지고 있으므로, 그 뜻을 모아 한 나라의 뜻으로 만드는 것은 어렵지 않다. 한 가정이 어질면 온 나라가 어짊을 숭상하고, 한 가정이 겸손하면 온 나라가 겸손을 중시하듯이, 나라가 어짊과 겸손을 장려하면 백성의 뜻이 안정되고, 나라는 반드시 번성할 것이다.

32	清國有革新之善策 청나라의 개혁 정책	19010322	청나라가 동서양의 제도를 참조하여 개혁을 추진하고 있으며, 학교 설립, 법률 개정, 철도 건설 등 여러 개혁 조치를 중앙 정부가 주도하고 있다는 보도가 나왔다. 그러나 이러한 개혁이 실제로 깊은 잠에서 깨어나는 변화인지, 아니면 아직도 잠꼬대를 하는 것인지 확신할 수 없으며, 과거 무술정변 당시 광서제가 강력한 개혁을 추진했더라면 나라가 유린당하는 사태는 막을 수 있었을 것이다. 이미 지난 과거는 돌이킬 수 없지만, 지금이야말로 청나라가 개혁을 통해 위기를 극복할 기회이며, 이를 놓친다면 앞으로 닥칠 재앙은 더욱 심각할 것이다. 다행히도 청나라는 광대한 국토와 인재를 보유하고 있으므로, 유능한 지도자가 나타나 개혁을 이끌면 위기를 기회로 바꿀 수 있다. 결국, 지금 청나라가 추진하는 개혁이야말로 깊은 악몽에서 깨어나는 진정한 변화이며, 이 기회를 잘 활용하면 국가의 존속과 번영이 가능할 것이다.
33	願借何意請判何意? 무엇을 원하여 청원하고, 어떤 뜻으로 판결을 구하는가?	19010402	각 지방의 군수가 새로 부임하거나 떠날 때마다 주민들이 상부에 청원하여 그를 내보내거나 유임시켜 달라고 요구하는 사례가 반복되는 것은, 관리와 백성 모두의 공정성과 분별력이 부족함을 보여준다. 군수가 정치를 잘해도 일부는 떠나길 바라고, 잘하지 못해도 남기를 원하는 이들이 있어, 민심은 언제나 분분하고 일관되지 않다. 백성들은 작은 은혜에도 지나치게 칭송하고, 작은 불이익에도 과도하게 원망하는 등 뜻이 확고하지 않고 쉽게 흔들린다. 관리는 백성들의 환대에도 겸손하지 않고, 배척에도 부끄러움을 알지 못해 책임감이 결여되어 있다. 결국 이러한 상황은 관리와 백성이 모두 제대로 된 역할을 하지 못한 결과로, 어리석은 정치 풍토임을 비판하고 있다.
34	仲春卽事 [丹崖生] 이른 봄, 한창 봄에 부쳐	19010321	歲歲春寒勒放花, 暮春垂盡未開花. 今年二月東風暖, 可喜春中早見花. 해마다 봄추위 꽃을 묶어 두더니, 늦봄 다 가도록 피지 못하네. 올해는 이월에 동풍이 포근하니, 한껏 기뻐라, 봄 속에 핀 꽃.

35	不能捨舊不能從新 옛것을 버리지 못하고, 새것을 따르지 못함	19010422	광무 연호 제정, 관제 개정, 신화폐 도입 등 국가의 주요 개혁에도 불구하고, 연월 표시, 관직 명칭, 화폐 단위를 옛것과 새것이 혼용하여 혼란이 지속되고 있다.이로 인해 공문서와 민간 실생활 모두에서 기준이 통일되지 않아, 개혁의 효과와 국가적 신뢰가 저해되고 있다. 특히 상류층조차 과거와 현재를 구분하지 않고 사용하니, 사회 전반에 혼란이 확산되고 있음을 개탄하고 있다.
36	四月二十日에 幼學盧德彦氏等 七人이 中樞院에 如左히 獻議 유학 노덕언 등이 중추원에 올린 건의	19010423 (別報)	유학 노덕언 등 7인은 중추원에 건의하여, 국가의 안위를 위해 군사 정비와 인재 양성이 시급하다고 강조. 그러나 현재 학도를 선발하여 외국에 파견하는 과정에서, 칙임관의 자제들만을 대상으로 삼아 인재 선발의 폭이 지나치게 좁다고 지적했다. 이는 외도나 사서 가문에서 태어난 충의와 재능을 지닌 인재들이 국가를 위해 활용되지 못하게 하며, 유사시 그들의 충성심을 기대하기 어렵게 만들고 또한, 개명과 진보는 공정한 입법과 인재 등용에서 비롯되며, 선발 과정의 불공정은 국가 발전을 저해한다고 주장한다. 따라서 각 도에 지시하여 신체와 나이가 적합한 인재를 널리 찾아 공정하게 선발함으로써, 지역에 구애받지 않고 현인을 등용하는 성대한 모습을 보여주기를 간절히 바란다는 내용이다.
37	讀史有感 역사를 읽고 느낀 바	19010424	신라 지증왕 12년(512년), 이사부는 우산국(현재의 울릉도)을 정벌하였다. 우산국은 섬의 험준함을 믿고 항복하지 않았으나, 이사부는 나무로 만든 사자 모형을 이용해 위협하여 항복을 받아냈다. 이는 우산국 주민들의 무지와 어리석음을 드러내는 사례로, 이러한 국민을 가진 나라는 멸망할 수밖에 없다고 지적한다. 현대 세계에서도 국민의 지혜와 각성이 국가의 존망에 결정적인 영향을 미치며, 이는 폴란드와 청나라의 사례에서 확인할 수 있다. 따라서 국가 지도자는 국민의 교육과 계몽을 통해 그들의 어리석음을 깨우쳐야 하며, 이는 국가의 존립과 발전의 근본이라고 강조한다.

38	火器之源始于火攻 화기의 근원은 불을 이용한 공격에서 시 작한다	19010425	화공(火攻)은 손자병법에서 그 기원을 찾을 수 있으며, 초기에 불을 이용한 다양한 전술에서 출발하여 점차 화포, 지뢰, 폭탄 등 정밀한 무기로 발전해 왔다. 역사적으로 여러 인물과 시대에서 창의적인 화기 사용과 발명이 이어졌으며, 명·청 시대에는 이미 다양한 형태의 화기가 완성되었다. 현대에 들어 서양은 발명과 기술자에게 보상권과 명예를 부여하여 무기 기술이 더욱 빠르게 발전했으나, 중국에서는 기술의 전승·발전이 이루어지지 않아 쇠퇴하였다. 이러한 흐름은 화기뿐 아니라 모든 기술·문명의 발전 과정에 동일하게 적용된다. 따라서 사물의 발전은 초기의 근원을 정확히 탐구하고, 그 흐름을 파악하는 것이 중요함을 강조한다.
39	論國債 국채에 대하여 논하다	19010426	국가는 이익이 있는 사업을 추진하려 할 때 자금이 부족하거나 세금 증가가 어려우면 국채를 발행한다. 이때, 자국의 부유한 국민을 대상으로 발행하는 것이 최선이며, 부득이한 경우 외국에서 차입할 수 있다. 그러나 차입 대상국의 신용과 부유함에 따라 이자율이 달라진다. 최근 우리 정부는 프랑스 운남회사와 협약을 맺어 500만 원을 차입하여 금은화 제조, 철도 부설, 금광 채굴 등에 사용할 계획이다. 만약 이 계획이 실현된다면 국가에 큰 해가 없을 것으로 보이나, 계획이 실행되지 않고 낭비적으로 사용된다면 앞으로 큰 재해가 우려된다.
40	窮人謀酒 가난한 자의 술찾기	19010427	봄비가 내리는 날, 가난한 선비들이 술이 없어 시름에 잠긴 채 관상술, 점술, 풍수지리라도 배웠더라면 술을 마실 수 있었을 것이라 한탄한다. 이에 한 선비가, 그런 신묘한 비술을 익혀 진정한 경지에 이른 이들은 본래 술에 취하지도 않고, 그저 술법으로 사리사욕을 채우면 천벌을 받게 될 뿐이라며, 가난에도 담담한 태도를 보인다. 지나가던 나그네가 그들의 이야기를 듣고 술 한 말을 사서 건네며 위로한다. 결국 술이 없는 갈증과 술이 채워주는 촉촉함은 순간의 일일 뿐임을 이야기한다.

| 41 | 覆淸者誰恢淸者誰
청을 전복시킨 자는
누구이며, 청을 회복
한 자는 누구인가? | 19010429 | 청나라가 제시한 아홉 가지 개혁안(황족과 학생의 해외 유학, 과거제 개정, 유능한 관리의 임기 연장, 학교 증설, 군대·경찰·우체국 등 서구 제도 도입, 금화 법정화 등)은 각지 총독과 순무들이 평화가 오면 시행하자고 의논한 것이지만, 개혁을 너무 늦게 깨달았음을 비판하고 있다. 이미 청조는 내외의 위기와 국가적 재난이 극에 달할 때까지 사리사욕과 무능으로 일관했으며, 신하들은 충성 없이 나라를 파멸로 이끌었다. 무술변법에서조차 실질적인 계기를 마련하는 데 실패해 더 큰 혼란과 참혹한 결과를 초래했다고 지적한다. 이제 와서 내놓은 개혁안마저도 위기를 모면하려는 임기응변에 불과하여, 실질적 개혁 의지가 없음을 꾸짖고 있다. 요컨대, 청나라 관료 체제의 무능과 기회주의, 그리고 시대를 놓친 개혁의 참혹한 결과를 강하게 비난하는 글이다. |
| 42 | 他則求我 我無求他
그들은 우리에게 요구하지만, 우리는 그들에게 아무것도 요구하지 않는다. | 19010430 | 개항 이후 한국은 여러 열강과 외교관계를 맺고 국제 질서에 참여하고 있음에도 불구하고, 외국의 요구는 해마다 심해져 철도, 광산, 어업, 통신선 등 다양한 이권을 요구받고 있다. 이는 '우방 간의 정'이나 '국제 규칙'이라는 명분과는 달리 일방적인 수탈에 가깝다. '균점이익'이라는 미명 아래 강대국들은 약소국인 한국을 상대로 경쟁적으로 이익을 요구하며, 한국은 이를 거절하지 못하고 기꺼이 받아들이는 현실이다. 이는 곧 국토와 자원의 피와 살을 내어주는 일이며, 결국 국가의 쇠약으로 이어진다. 이 같은 상황을 극복하기 위해서는 국민 모두가 자강자립의 의지를 갖고 이미 허락한 이권은 기한에 따라 되찾고, 앞으로의 요구는 단호히 거절해야 한다고 역설한다. |

43	養其小勇必爲大勇 작은 용기를 기르면 반드시 큰 용기가 된다.	19010501	이 글은 조선 말기 함경북도 무산에서 조선군 소대장 라영훈이 야간에 청나라 비적을 공격해 승리한 사건을 보도한 신문의 논설이다. 필자는 이 전투가 작지만 병사들의 용기와 전략, 성과 면에서 의미 있는 첫 승리였다고 평가하면서도, 상대가 미약한 비적에 불과했기에 '북변의 명장'이라 부르는 것은 과장일 수 있다고 비판한다. 20여 년간 군제를 개혁했음에도 외세와의 실전 경험 없이 무력만 길러온 현실을 통렬히 지적하며, 전투에 대한 환상보다는 실제적 군사력과 각성이 필요함을 강조한다. 마지막으로 각지의 장병들이 국경을 지키는 진정한 장수가 되기를 당부하며 글을 맺는다.
44	龍山製紙辨 용산제지에 대한 변론	19010502	한 손님이 용산 전환국에 제지소 설립 계획과 외국 기술자 고용, 기계 개조 및 시험 가동 중이라는 소문을 들었다고 한다. 그는 한지 생산 시 원료 운송과 비용 부담, 서양종이 생산 시 국내 수요가 적어 수익성이 불투명함을 우려했다. 또 다른 손님은 산업화 초기 단계인 만큼 이러한 시도를 긍정적으로 평가해야 한다고 주장했다. 이에 첫 번째 손님은 정치 개혁과 사회 개방이 선행되어야 수요와 제조업 발전이 촉진된다고 강조했다. 궁극적으로 기존 기계 개선과 기술자 영입으로 산업 발전을 도모해야 한다는 의견이었다.
45	帝國新聞停刊辨 제국신문 정간의 변	19010503	『제국신문』의 정간을 두고 두 인물이 대화를 나눈다. 　북애자는 신문의 폐지가 단순한 사건이 아니라, 국민 계몽과 문명 발전에 중요한 역할을 하는 신문이 줄어드는 것은 나라에 큰 손실이라고 탄식한다. 특히 한국인 주관 신문이 두 개뿐인데, 그중 하나가 사라지면 하층민 계몽에도 악영향이 있다고 우려한다. 　남애자는 재정 문제로 일시적 중단일 뿐 다시 발행할 수 있다고 가볍게 본다. 　그러나 북애자는 신문의 설립과 유지가 어렵고, 폐지는 너무 쉽기에 이런 사소한 정간조차 국가 발전에 중요한 의미가 있음을 강조한다.

46	蝦蟆日鬪解 개구리들이 날마다 싸운다는 소문에 대한 해석	19010504	전주 수하 밭두둑에서 개구리 수천 마리가 날마다 싸운다는 소문을 다룬 논설이다. 논자는 이는 허황된 민간 전설과 다르지 않으며, 사실이라 해도 이상한 징조는 아니라고 비판한다. 과거 신라나 월나라 사례처럼 개구리로 군사를 경계한 일도 결국 인간 지각의 우연한 해석일 뿐이라며, 진정한 문제는 그런 소문을 곧이곧대로 믿고, 정작 바른 도리와 실천은 외면하는 민심의 왜곡이라고 지적한다. 이는 미신과 괴담에 흔들리는 대중을 비판한 계몽주의적 글이다.
47	今不讓古東不讓西 지금의 것은 옛 것을 능가하지 않고, 동쪽의 것은 서쪽의 것을 능가하지 않는다	19010506	영국은 미국 홀란드가 발명한 잠수함을 도입하며 해군 기술을 빠르게 발전시키고 있지만, 우리나라는 과거 이순신의 거북선처럼 위대한 기술을 개발하고도 이를 계승·발전시키지 못해 안타깝다. 거북선 설계나 모형이 있는데도 재현이나 활용을 못하는 현실을 비판하며, 우리 인재 역시 얼마든지 새로운 기술을 창조할 수 있음을 강조한다. 결국 중요한 것은 기술을 억누르지 않고 인재를 장려하는 일이며, 그렇게 하면 한국도 세계적 수준의 독창적 기술을 개발할 수 있다는 점을 역설하는 글이다.
48	暴流害民如蝗虫食稼 포악한 무리가 백성에게 해를 끼치는 것은, 마치 메뚜기 떼가 곡식을 갉아먹는 것과 같다	19010507	최근 해안 지방에서는 해적의 출현이 계속 보고되고, 이들이 민가를 약탈하고 인명을 해치는 등 큰 피해를 주고 있지만, 지방 관리들과 군사 조직의 부패와 무능으로 인해 효과적으로 대응하지 못하고 있다. 해적 문제의 근본 원인은 관료 체계의 부패와 법질서의 혼란에 있으며, 관리들이 해이하고 백성을 돌보지 않아 해적이 더욱 기승을 부린다. 따라서 단순히 해적의 존재가 아니라 이를 해결하지 못하는 지방 행정의 무능이 더 큰 문제로 지적된다. 이 사태를 근본적으로 해결하려면, 엄정한 법 집행과 강력한 단속이 필수적임을 강조한다. 즉, 해적 문제의 해결은 관리의 능력 제고와 국가의 확고한 법 집행에 달려 있음을 주장한다.

| 49 | 鬼出人心未定中
귀신은 언제나 사람 마음이 흔들리는 그 틈을 비집고 나온다 | 19010508 | 이 논설은 귀신의 실체와 유무를 논한 글이다. 치미·망량·야차 등 온갖 귀괴가 사람들 사이에서 실제처럼 떠돌며, 무당에게 제사하거나 부적을 써서 막는 풍속까지 이어진다. 그러나 논설자는 이런 존재가 실제로 있는지 단정할 수 없으며, 설령 있더라도 음습한 기운이 형상을 빌려 나타나는 것일 뿐 인간의 흥망을 좌우하지 못한다고 본다. 결국 사람들이 두려워하고 속는 까닭은 귀신이 아니라 사람 스스로의 어리석음과 불안정한 마음 때문이라 한다. 그러므로 귀신은 외부가 아니라 인간의 마음에서 비롯되는 것이며, 바른 도덕과 이성을 지닌 사람은 속지 않는다고 결론짓는다. 이는 미신에 휘둘리는 대중을 경계하고 합리적 태도를 촉구한 계몽적 논설이다. |
| 50 | 漁父辭
어부사 | 19010511 | 어부의 낚시 이야기를 빌려 세태를 풍자한 논설이다. 한 젊은이가 강호에서 고기를 낚으려 하나, 미끼만 잃고 끝내 한 마리도 잡지 못한다. 돌아오는 길에 거대한 물고기를 가득 싣고 호탕하게 노니는 어부를 만나 묻자, 그는 "맑은 바람을 줄로, 밝은 달을 낚싯바늘로, 무지개를 낚싯대로 삼아 큰 자라를 낚았다. 미끼는 천하의 불의한 사내다"라고 답한다. 젊은이는 이에 크게 깨닫는다. 금전 욕심에 눈먼 관리들이 잇속을 좇다 허탕 치는 현실과, 대의와 정의를 미끼로 큰 뜻을 이루는 대장부의 차이가 바로 여기에 있음을. 결국 작은 이익에 집착하는 소인배와 세상을 바꾸는 큰 포부를 대비하며, 독자는 정의를 추구하는 진정한 대장부의 길을 따를 것을 촉구한다. |

| 51 | 挽聯及絶命詞
만련과 절명사 | 19010507 | 　　청말 의화단 사건 이후 책임을 물어 난주부에서 사형당한 육현은 체포될 때 스스로 만련을 짓고 충절과 부끄러움을 토로하였다. 그는 자신의 죄를 인정하면서도 임금의 은혜를 저버린 것을 한스럽게 여겼고, 늙은 어머니와 어린 딸을 두고 가는 것을 가장 가엾다 하였다. 또한 아내와 첩이 자신을 따라 죽는 것을 부당하지 않다고 여겼다. 그는 사람을 다스리다 죽이고 조정의 형벌을 받아 죽는다고 하며 원망은 없다고 했다.
　　이어 또 다른 인물 조서교는 옥중에서 자살을 명받아 절명사를 지었다. 그는 임금이 욕을 당하면 신하도 죽어야 한다며 자신의 죽음을 덧없다 하였고, 다만 늙은 어머니와 어린 자식을 두고 가는 것이 가장 애통하다고 읊었다. 두 사람의 글에는 충군의 마음과 더불어 개인적 비애가 절절히 담겨 있다. |

▋20 『대한시집(大韓詩集)』 1901년 8월 15일 필사 마침

『大韓詩集』 표지　　　　본문 /小泉장서인　　　　필사기

　　『대한시집』은 정조대왕 어첩 중 「율십이격」을 시작으로 한시 최치원, 김상용, 정몽주, 정사룡 등의 시 270여편이 실려 있다. 시재(詩材)는 다양한데 서경시가 가장 많다. 권말에 '신축년 8월 15일 필사를 마치다. 오산 망미루 아래에서 하시모토 쇼슈 베끼다(辛丑秋八月十五日終筆 烏山

望美樓下 橋本蘇洲膳書).'라고 쓴 필사기가 있다. 이 책은 전술한『한문논설』과 책 크기와 지질이 동일하다. 小泉[주문방인] 장서인이 있다.

21 『천자문음해(千字文音解)』1901년 8월 21일 종필

 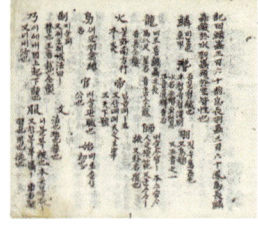 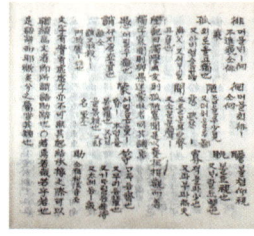

『천자문음해』표지   본문 시작   필사기

『천자문음해』는 한자음과 의미를 공부하는 데 사용한 책이다. 첫 부분에 낙장이 있어 '린잠우상(鱗潛羽翔, 비늘 있는 고기는 물속에 잠기고, 날개 있는 새는 공중에 난다)'부터 시작한다. 모든 글자를 음해한 것은 아니고, 일부만 가져다가 음과 훈, 관련 의미 등을 적어 놓았다. 일부를 옮겨 오면 아래와 같다.

鱗 비놀 린 魚甲

潛 줌길 쳠 藏也 本쳠슈 쳠 漢別水名 仝槮魚所息 正音通釋音줌

羽 짓 우 鳥長毛 又鳥翅 又五音之一

龍 미르 롱 鱗蟲之長 馬八尺 星名 音총 仝寵

師 벼슬 ᄾᆞ 官-- 本스승 ᄾᆞ 人之模範 又군ᄾᆞ ᄾᆞ --旅 又卦名 衆也

火 불 화   南方行 本--炎

帝 님금 뎨 --王 又상뎨 뎨 天地主宰 王天下號

말미에 필사기가 다음과 같이 적혀 있다.

신축년(1901) 8월 21일 필사를 끝내다(辛丑 秋八月 二十一日 筆終)

부록으로 「千六集所載 진미고진탕 등 12편」, 「動症直言」이 실려 있다.

4.3. 제3기(34세(1904년)-62세(1932년) 퇴임, 고이즈미 데이조 [小泉貞造])

10년간 한국에서 한국어를 배우며 밀정
활동을 한 고이즈미는 1903년 아버지의 병
구완을 위해 일본에 갔다가 1904년 2월 조
선주차군사령부(朝鮮駐箚軍司令部)의 육군
통역관으로 근무를 시작했다. 이로부터 그
는 28년간 14명의 주차군 사령관의 통역관
으로 활동했다.[148]

하세가와 요시미치(長谷川好道
はせがわ よしみち)

---

148   그가 수행한 육군주차군 사령관은 長谷川好道, 大久保春野, 上田有澤, 安東貞美, 井
口省吾, 秋山好吉, 松川敏胤, 宇都宮太郎, 大庭二郎, 菊池愼之助, 鈴木莊六, 森岡守成, 金谷

그가 최초로 통역을 수행한 하세가와 요시미치(長谷川好道, 1850-
1924)는 러일전쟁에서 승기를 잡은 일본이 대한제국에 대한 영향력을
강화하기 위해 파견한 인물이다. 그는 부임하자마자 전국에 계엄령에
준하는 군사경찰제(헌병경찰제)를 실시하여 한국인의 저항을 억압하고
일본의 침략 정책을 뒷받침했다. 특히 1905년 을사늑약 체결 과정에서
군사적 압력을 가하여 고종 황제와 대신들을 위협하는 등 중추적인 역
할을 수행하였다. 고종 퇴위 이후 대한제국 군대를 강제로 해산시키는
과정에서도 주도적인 역할을 했으며, 제1대 총독 데라우치 마사타케(寺
内正毅, 1852-1919)의 뒤를 이어 제2대 조선 총독으로 부임했다(1916.10-
1919.8). 그의 통치는 '무단 통치'로 알려져 있으며, 헌병경찰제도를 더
욱 강화하여 한국인의 모든 활동을 억압했다. 1919년 3.1 운동이 일어
나자 그는 군대와 헌병을 동원하여 평화적인 시위를 무자비하게 진압
했으며, 이 과정에서 수많은 한국인이 학살되거나 투옥되었다. 제암리
학살 사건 등은 그의 강경 진압이 낳은 대표적인 비극이다.[149]

고이즈미 데이조의 퇴임 기사에 의하면, 1918년에 시베리아 남부 우
스리-파견대에 종군하였으며, 해당 지역에 근거를 둔 '불평 많은' 조
선인들을 회유하는 데 그만의 독특한 재능을 발휘하여 일본군의 행동

範三, 南次郎 등이다.

149 하세가와 요시미치는 대한제국 시기에는 조선주차군 사령관으로서, 일제 강점기
초기에는 조선 총독으로서 한국의 국권을 유린하고 식민지 지배의 기틀을 다진 핵심
인물이다. 그의 통치는 군사력을 앞세운 폭력과 억압으로 점철되었으며, 한국 근현대
사에 씻을 수 없는 상처를 남겼다. 그의 이름은 오늘날까지도 일본 제국주의 침략의 잔
혹성을 상징하는 인물 중 한 명으로 기억되고 있다.

에 큰 공적을 남겼다고 전한다. 1918년, 러시아 혁명으로 촉발된 내전의 혼란 속에서 일본은 '체코슬로바키아 군단 구출'과 '독일-오스트리아 포로의 무장 방지'를 명분으로 연합국의 시베리아 개입에 동참했다. 그러나 일본의 실제 목표는 시베리아 지역에서의 세력 확장과 완충지대 확보에 있었다. 이 과정에서 시베리아 남부, 특히 우수리(Уссури)강 유역과 연해주(Приморский край) 일대는 일본 파견군의 주요 활동 무대가 되었다. 1918년 8월, 일본은 오타니 기쿠조(大谷喜久蔵) 대장이 이끄는 포염(浦塩, 블라디보스토크) 파견군을 본격적으로 상륙시켰다. 이 파견군의 핵심 주력 부대는 제12사단이었으며, 이들이 우수리 철도를 따라 북진하며 수행한 작전이 '우스리 파견대' 활동의 중심을 이룬다. 파견대의 주된 임무는 시베리아 철도의 중요 구간인 우수리 철도 연선을 장악하고, 볼셰비키(적군) 세력을 격퇴하여 하바롭스크를 점령하는 것이었다. 일본군의 진주는 해당 지역에 거주하던 주민들, 특히 독립을 염원하던 한인(조선인) 사회에 큰 위협이 되었다. 일본의 시베리아 출병 목적 중 하나는 러시아 연해주의 한인 독립운동 세력을 와해시키는 것이었다. 일본군은 볼셰비키와 협력하거나 독자적으로 활동하던 한인 무장 부대를 적으로 간주하고 탄압했다. 일본군은 점령지에서 군수물자 조달을 명목으로 곡물과 각종 자원을 징발하여 지역 주민들의 반감을 샀다. 또한 한인 밀집 지역인 신한촌(新韓村) 등을 중심으로 한인 사회에 대한 감시와 통제를 강화했다. 결론적으로 1918년 일본 우수리 파견대의 활동은 '체코군 구출'이라는 명분을 넘어, 시베리아 남부의 전략적 요충지를 신속하게 점령하고 볼셰비키 세력을 몰아내며 이 지역에 대한 일본의 군사적 지배력을 확립하는 과정이었다. 이들의 성공적인 북진은 이후 수년간 이어질 일본의 시베리아 점령과 한인 독립운동 세력에 대한 탄압의 서막을 여는 중요한 군사 활동이었다. 이때 통역관으로 따라간 고이즈미 데이조는 연해주의 한인들을 회유하는 데 큰 공을 세워 1920년에는 훈장까지 받았다.

러시아 혁명 이후 소련이 성립되면서 한인들은 사회주의 체제에 적응하며 일부는 소련 정부에 협력하기도 하였지만 세계 1차 대전이 끝난 후 정권을 잡은 소련의 독재자 스탈린은 1937년 가을 연해주(프리모르스키 지방)에 거주하던 약 17만 2천 명의 한인들을 수천 킬로미터 떨어진 중앙아시아의 황무지로 강제 이주시켰다. 소련 정부가 내세운 공식적인 이유는 극동 지방으로 침투하는 일본의 간첩 활동을 차단하기 위함이었다. 1930년대 소련 극동지역(연해주)에 살던 한인들은 일본의 만주 점령(1931년)과 중일전쟁 발발(1937년) 이후 국경 안보의 잠재적 위협으로 인식되었다. 소련 당국은 일본이 소련 극동지역 침투 시에 조선인들이 외모나 언어 등에서 일본인과 구분이 어려워 첩자로 활용될 수 있다고 의심했다. 실제로 일부는 일본 국적을 소지하거나, 일본 영사관에 등록된 사람들이었으므로 '일본과 연결 가능성'이 공식적으로 제기되었다. 과거 러일전쟁(1904-1905) 당시 일본이 한인들을 정보원으로 활용했던 경험은 이러한 불신을 더욱 깊게 만들었고 결국 연해주의 한인들은 일본의 잠재적 협력자, 즉 '제5열(내부의 적)'로 간주되었고, 전쟁 발발 시 위험 요소가 될 수 있다는 판단하에 국경지대에서 완전히 분리, 제거해야 할 대상으로 전락했던 것이다.

제2장에서 살펴본 바와 같이 이 시기에 그는 경성학교조합(京城學校

組合)[150]의 의원으로서 육해군 군인에게 학교조합회의 의원선거 자격을 부여하는 시행세칙 개정안을 내고 무관(武官)의 학조권(學組權) 실현 운동을 벌였다. 1910년 조선병합 이후, 일본은 식민지 조선을 통치하기 위한 권력 기반으로 군대와 경찰 조직을 적극적으로 활용하였다. 조선총독부는 일본인 장교, 헌병, 경찰을 대거 파견하여 정치와 치안뿐만 아니라 학교·교육 행정에도 깊이 관여하였으며, 이는 조선 사회의 전반적 군사화, 군사 통제 체계로 이어졌다. 이러한 구조에서 일본인 무관은 단순한 군사 지도자를 넘어, 식민 지배질서 유지와 확산을 위한 전략적 행위자였다.

1930년대, 일본 내 군국주의 강화 및 만주사변(1931), 중일전쟁(1937) 등 대외 침략이 본격화됨에 따라, 조선 내 '황국신민화' 및 '내선일체' 정책이 절정에 달했다. 이 과정에서 학교 교육은 군사훈련의 연장선으로 변화했고, 일본인 무관(군사 교관·교장·감독관 등)은 교련, 군사적 시범 행사, 군사훈육식 생활지도 등을 통해 조선의 학생과 교사를 일본식 군사

---

150   경성학교조합(京城學校組合)은 일제 강점기 경성(서울)에서 재조선 일본인 자녀들의 일본식 교육을 위해 1914년 설립된 학교 운영 단체로, 일본인 사회가 소학교를 비롯한 다양한 학교를 설립·운영하는 중심적 역할을 맡았으며, 교직원 관리와 시설 확충, 교육 재정 확보(예: 신정유곽 토지 소유) 등 실질적 교육행정 전반을 담당했다. 이 조합은 경성 내 일본인 공동체의 교육적 결속과 특권 유지를 도왔고, 1931년 조직 개편 이전까지 경성 일대 일본인 학교 교육을 총괄하며 일제 식민지 교육 제도의 핵심 실행 기관으로 기능하였다. 일제 시기 경성에서는 일본 본토식 교육과정에 따른 유치원부터 대학교까지의 전 과정을 갖춘 유일한 도시였으며, 경성학교조합은 이런 학교(주로 소학교)를 지속적으로 신설, 운영하고 확대했다. 1931년 경성부 산하의 학교조합 일원화 과정에서 폐지되었고, 그 역할은 조선총독부 산하의 교육행정기관으로 이관되었다.

질서와 복종 체계에 편입시키는 것을 목표로 했다. 이는 '교련'의 도입, 학교생활 전반의 군사화, 방공훈련과 규율 강화 등 구체적 실천으로 나타났다.

학조권(學組權)은 본래 교육 및 조직의 주도권, 또는 이에 참여할 권리를 의미한다. 그러나 식민지 조선에서 학조권은 일본인 무관 등 식민 지배 집단이 일방적으로 행사하는 권한으로 변질되었다. 일본인 무관들은 학교, 사회단체, 청소년 조직 등을 군사적 논리에 따라 통제하고 지도하면서, 조선인의 교육 자율성, 자주적 조직 형성과 무관 양성은 강력히 억압하였다. 반면, 일본인 무관의 학조권 실현은 지배자의 조직권 강화를 의미하였고, 이는 식민지조선 사회 전 영역의 군사동원, 황국신민화 사상 주입과 맞물려 강력히 추진되었다.

일본 내 군국주의의 대두와 전시 총동원 체제 구축은 조선에서의 무관 권한 실현을 한층 강화하였다. 전쟁 준비와 사회 동원의 일환으로 무관들의 역할은 더욱 확대되어, 학교와 사회 조직에서 군사훈련, 민방위 훈련, 충성 의례 및 시범행사 등이 체계적으로 조직됐다. 이러한 변화는 군사적 규율과 복종, 일본천황에 대한 충성의식 주입 등 일본 제국이 의도한 사회통제의 극대화와 직접적으로 연결되었다.

22 『신찬일한회화(新撰日韓會話)』 1904년 6월 11일-26일까지 필사

『신찬일한회화(新撰日韓會話)』에 대해서는 박진완(2023)이 자세하다. 이 책은 본래 조선의 홍석현(洪奭鉉; 1873~1931)이 편찬한 『신찬조선회화』(1894)가 원본이다. 러일전쟁 때 종군(從軍)한 고이즈미 데이조가 조

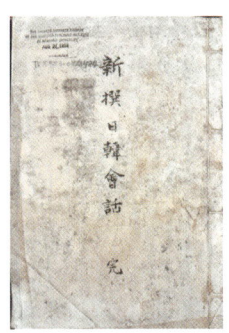

『신찬일한회화』표지

목차

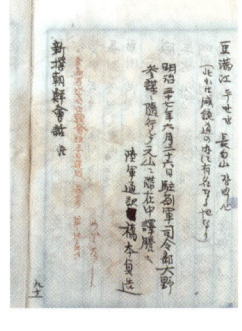

필사기

선주차군사령부에 부임한 직후, 오노[大野] 참모의 육군통역으로서 원산(元山)에 체재할 때 작성한 것이다. 고이즈미는 이 책을 직접 베껴가며 공부하다가 단순한 필사에 그치지 않고 '新撰日韓會話'로 서명을 바꾼 뒤, 조선어 원문을 표기할 때 사용된 가나(仮名)를 한글로 복원했으며, 이범익(李範益, 1883-?)에게 교열까지 맡겼다. 이범익은 관립외국어학교를 졸업하고 모교와 보광학교(普光學校), 돈명의숙(敦明義塾)에서 교관으로 근무했다. 이후 메이지[明治] 대학에서 수학한 뒤, 러일전쟁이 발발하자 육군통역으로 종군하였다. 권두 우측에 원산(元山)에서 6월 11일부터 26일까지 필사했다는 내용이 있고, 권수(卷首)에 '朝鮮洪奭鉉著, 日本橋本貞造譯, 李範益校閱', 권말에 '메이지 37년(1904) 6월 26일 주차군사령부 오노 참모를 수행하여 원산에서 체재 중 번역하여 베끼다. 육군통역 하시모토 데이조(明治三十七年六月二十六日駐箚軍司令部大野參謀ニ隨行シテ元山ニ滯在中譯膳ス陸軍通譯橋本貞造)'라고 적혀 있어서

이 책이 제작된 과정을 알 수 있다. 하시모토 데이조[橋本貞造]라는 이름은 이 책에 단 한 번 나온다. 성은 양자가 되기 전의 '하시모토', 이름은 본명인 '데이조'를 썼다. 小泉[주문방인] 장서인이 있다.

23『한어교정(韓語敎程)』1906년 4월 5일-6일 필사

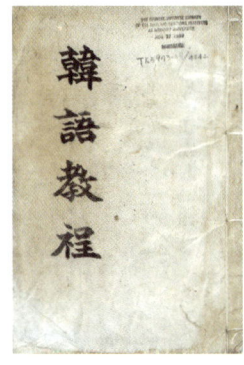
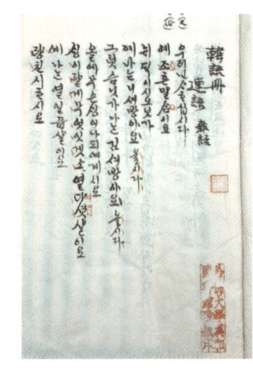
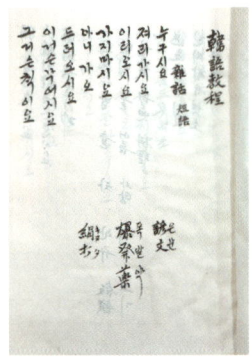

『한어교정』 표지   한어책 본문   한어교정 본문

『한어교정』[151]은 「한어책」, 「한어교정」 두 부분으로 나뉘어 있다. 「한어책」에는 연어(連語), 잡화(雜話)가 500여 문장 실려있고 「한어교정」에는 잡화가 단어, 수, 거위(居位), 연월일, 초대면지사, 주문, 시계, 우편, 어학, 내객, 추우(秋雨), 북한산거, 조사변경의 구별, 사단(四段) 등으로 이루어졌다. 권말에 필사기가 다음과 같이 적혀 있고 小泉[주문방인] 장서인이 있다.

---

151 이에 대한 자세한 사항은 박진완(2021) 참조.

메이지 39년(1906년) 4월 5일 밤 10시 40분 시작하여 6일 오전 2시 35분에 등서를 끝내다. 경성 남학동 영문에서 하시모토 쇼슈

(明治三十九年四月五日夜十時四十分始作, 六日午前二時卅五分謄書了. 於京城南學洞營門橋本蘇洲).

경성의 남학동은 오늘날 서울시 중구 필동에 소재한 곳으로, 당시 일본인들이 많이 거주하였던 지역이다.[152] 본래 일본인의 성 안 거주는 허용되지 않았었다. 1880년 서대문 밖 천연정(天然亭, 지금의 서울적십자병원 자리) 청수관(淸水館)에 연 공사관에 40여 명의 일본인이 기거한 것이 처음이었다. 이듬해 임오군란으로 청수관이 불타자, 이들은 성 안으로 들어와 금위대장 이종승(李鍾承, 1828-?)의 집을 임시로 쓰다가 교동의 박영효(朴泳孝, 1861-1939)의 집을 사들여 공사관으로 신축했다. 이때 일한 인부 70명이 서울에 들어온 최초의 일본 민간인이었다. 이 기회를 놓치지 않고 일본인들은 1884년 갑신정변을 틈타 조정을 압박해 서울 입경과 거주를 정식으로 허가받았다. 이때가 1885년 2월이었다. 일본 공사관도 남산 기슭 '녹천정' 자리로 옮긴 뒤였다. 일본인 거류 지역은 공사관 인근의 중구 예장동·주자동에서 충무로 1가에 이르는 진고개 일대로 지정되었다. 최초의 일본인 가옥 12동이 명동성당 후문 앞 일대에 세워졌는데, 그해 9월 일본 거류민은 20호 89명이었다. 이것이 조선인

---

152 「한겨레21」 2009-10-15 인터넷 기사 참조 https://h21.hani.co.kr/arti/special/special_general/25913.html

이 모여 사는 북촌과 대비되는 일본인 거주지 '남촌(南村)'의 시작이었다. 지금의 예장동 일대인 남촌의 시작점은 300년 전 임진왜란 때 일본군 1500여 명이 성을 쌓고 1년간 머물던 '왜성대'라는 곳이다. 남촌의 등장은 300여 년 만에 일본인의 식민지 건설이 다시 시작된 것이라 할 수 있다. 일본인 거류민 수는 빠르게 늘어 1884년 말 260호 848명에서 1895년 말 500호 1889명으로 배가 되었다. 청일 전쟁에서 이긴 일본은 승리의 여세를 몰아 거류 지역을 본격적으로 확장했다. 진고개에서 남대문 사이에 새 도로를 냈고, 일본인 전용 종합병원을 신설해 무료 진료도 했다. 일본 상품 전문 진열소까지 설치했다. 일본인 거류지가 커지고 관리 업무가 늘자 일본 공사관은 1896년 주자동 6번지에서 충무로 1가 입구(현 신세계백화점 자리)로 확장해 옮겨갔다. 고종이 도시 개조를 지시한 해였다. 공사관의 이전은 일본인 거류지의 중심지가 외진 남산 밑에서 번잡한 도심으로 옮겨진 것을 의미한다. 이는 동시에 거류지 개념에서 신시가지 혹은 신도시 개념으로 남촌의 확장이 이뤄졌음을 말해준다. 이전 뒤 10여 년간 일본인 수는 약 5배가 늘어 1906년 1만 명을 넘어섰다. 한-일 병합이 되던 1910년 일본인은 서울 인구의 14%를 차지했는데 대부분이 남촌에 살고 있었다.[153] 이 책을 필사한 1906년은 고이즈미가 아버지의 병으로 귀향했다가 1904년 러일전쟁이 일어나자 군 통역관의 신분으로 다시 한국으로 돌아와 활동하던 때였다. 그가 돌아와 살았던 곳이 바로 남촌이었던 것이다.

---

153 앞의 글.「한겨레21」2009-10-15일 기사.

25『부상일기(扶桑日記)』 1917 필사 (1913 今西龜滿太 필사본을 다시 필사)

『부상일기(扶桑日記)』는 조선후기 문신인 조형(趙珩, 1606-1679)이 1655년(효종 6) 정사(正使)로 일행을 대동하고 일본을 다녀온 사행록이다. 『동사일기(東槎日記)』라고도 한다. 1655년 4월 20일 한양을 출발할 때부터, 일본 에도(현 도쿄)에서 공식 업무와 일정을 수행하고 1656년 2월 1일 귀국길에 쓰시마 장수원에 머물 때까지의 여정과 견문, 교섭 상황을 상세히 기록하고 있다.

 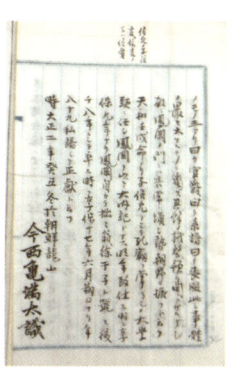

『부상일기』 표지　　　　　今西龜滿太識

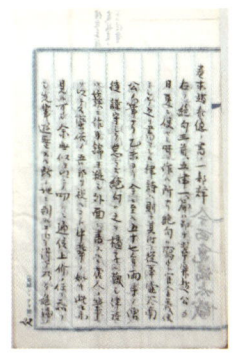 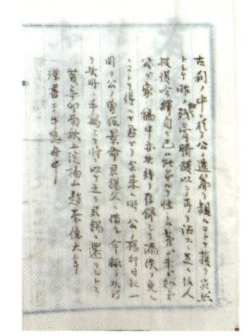 

小泉필사기1　　　　小泉필사기2　　　　小泉필사기3

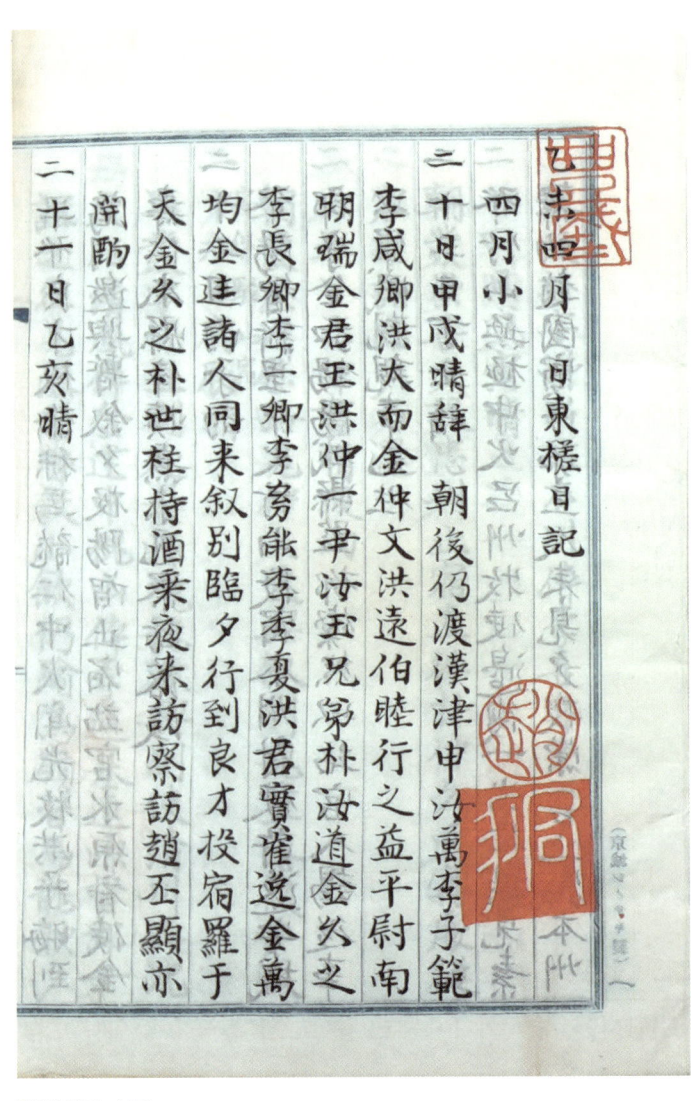

『부상일기』 본문

이 일기는 조선통신사 정사의 입장에서 사행의 전 과정─준비, 출발, 도로 및 숙박, 일본 도착, 에도 입궐 및 국서 전달, 닛코 도쇼구 방문, 귀로─를 날짜별로 기록한 사료로, 17세기 한일 관계를 이해하는 데 중요한 1차 문헌이다. 본문은 86장, 부록은 31장으로 구성되어 있고, 조형이 직접 본 것뿐 아니라 일본 측 인사들과의 만남, 의례, 대화, 일본의 풍속·제도·문물까지 자세히 남겼다. 특히, 일본어 교육·통역·외교 현장에서도 통신사와 일본 측 인사(예: 하야시 집안)와의 필담 외교나 통번역 실태, 양 국가 간 문화적 접점 등이 생생하게 드러나 있다.

학계에서는 진본(당초 필사본)과 고이즈미 데이조 필사본 등 두 계통이 전하는 것으로 알려져 있다. 본문과 일본인 부기 부록(당대 일본 문사·사행 동행 인사 기록, 번역·필사 내력 등)을 합쳐, 조선과 일본, 근대 이후 일본/미국에 이르는 여정을 가진 희귀 사행록이다. 이때 부사는 유창(兪瑒)이고 종사관은 남용익(南龍翼)이었다. 1711년(숙종 37) 조태억(趙泰億)의 추기(追記)가 있다.

『부상일기』는 후대에도 중요한 참고 문헌으로 활용되었는데, 1711년 조태억이 신묘 통신사 정사로 일본에 가면서 사행 참고자료로 빌려갔으며, 그 과정에서 현지에 남아있던 조형의 유묵(필적) 등도 수습하여 부록에 첨부하였다. 이후 20세기 초, 일본인 연구자 이마니시 기마타[今西龜滿太]가 진본을 소장하여 일본어 부기(補記)를 첨가했고, 이 책은 1917년 고이즈미 데이조가 이를 필사한 사본이다.

소장본은 조형의 증손인 경명(景命)이 소장했던 필사본을 1913년 경성에서 조선인에게 얻어 필사했다는 이마니시 가마타[今西龜滿太]의 지어와 '大正六年(1917)丁巳七月二十日謄寫畢 龍山柳塢 小泉貞造'라고 쓴 고이즈미 데이조[小泉貞造]의 필사기가 있다. 그는 이마니시 가마타의 장서인까지 주묵으로 그려놓았다.

| 5 | 나가며

　본서는 하버드 옌칭[燕京] 도서관에 소장된 구한말의 일본인 군통역관 고이즈미 데이조[小泉貞造]가 한국에 와서 약 10년 간 한국어를 배우면서 사용했던 교재와 필사본 등 총 42종 31책을 소개한 것이다. 고이즈미 데이조는 1903년 자신의 신분을 속이고 입양되기 전의 이름인 하시모토 아키요시[橋本彰美]라는 이름으로 한국에 와서 약 10년 간 한국어를 배우며 부산과 전라도 지방을 다니면서 밀정 활동을 하였다. 그는 1903년 부친의 병으로 일시 귀국했다가 러일전쟁이 일어나자 육군 통역관 신분의 '고이즈미 데이조[小泉貞造]'라는 본명으로 다시 한국으로 돌아와 군사령부에서 20여 년 동안 14명의 육군 사령관을 보좌했다.

　그가 소장했던 책들은 1959년 일본의 한 고서점을 통해 2차에 걸쳐 하버드 대학에 수장(收藏)되었다. 그동안 필사기에 적힌 이름이 통일되어 있지 않아 동일 인물의 책임을 알지 못하였다가, 필자의 연구를 통해 총 42종 31책이 고이즈미 데이조의 소장본이었음을 밝혔다. 고이즈미 컬렉션은 국문학이나 국어사적 가치뿐만 아니라 정치·사회·문화적인 연구에도 도움이 될 만한 자료가 많아 연구 가치가 있다. 앞으로 많은 동학제현의 연구를 기다린다.

참고문헌

- 김재웅(2022), 「춘향전 필사의 전통과 영·호남 지역 필사자의 문학적 대응」, 『호남학』 71, 호남학연구원, 27-61.
- 김형태(2012), 『한어유취(韓語類聚)』의 구성 및 특성 연구, 『어문논총』60, 45-63.
- 김혜진(2015), 「무코요시(婿養子) 제도의 역사적 변천과 현대 일본 사회에서의 기능-」, 『일본학연구』
- 남상영(1991), 「日本人の韓国語学習 -朝鮮 植民地化過程に焦点をあてて-」, 日本: 『教育学研究』 58(2), 日本教育学会, 121-131.
- 박진완(2021), 「하버드옌칭(Harvard-Yenching) 도서관 소장본 『韓語教程』에 대한 고찰」, 『한국어학』 93, 237-271.
- 박진완(2023), 「하버드옌칭(Harvard-Yenching) 도서관 소장본 『新撰日韓會話』에 대한 고찰」, 『한국어학』 99, 한국어학회, 31-64.
- 성윤아(2012), 「근대 일본에서의 조선어회화 학습 열기」, 『아시아문화연구』 25, 가천대학교 아시아문화연구소, 67-91.
- 성윤아(2019), 「근대 일본의 한어학습콘텐츠 - 한어학습서의 시기구분과 내용적 특징」, 『일본학보』 118, 한국일본학회, 315-341.
- 안병희(1992), 「『孝經諺解』와 『孝經口訣』」, 『國語史資料研究』, 문학과지성사, 462-473. 안병희(1985), 「『孝經諺解』와 『孝經口訣』」, 『역사언어학』, 전예원을 재수록.
- 옥영정(2012), 「『효경간오』, 『효경대의』, 『효경언해』의 간행본과 그 계통 연구」, 『정신문화연구』 35(1), 한국학중앙연구원, 59-84.
- 유승렬(1995), 「韓末·日帝初期 日帝의 商業侵奪과 商廛商業」, 『국사관논총』 67, 국사편찬위원회, 1-55.
- 이강민(2003), 「1893年刊 『日韓通話』의 일본어」, 『일본어문학』 17, 한국일본어문학회, 145-165.
- 이강민(2004), 「근세일본의 한국어 학습서」, 『일본학보』 58, 한국일본학회, 175-192면.
- 이강민(2017), 「『新撰朝鮮會話』의 日本語와 韓國語」, 『日本語文學』 75, 한국일본어문학회, 51-67.
- 이재영(2007), 「朝鮮時代 『孝經』의 刊行과 그 刊本」, 『서지학연구』 38, 한국서지학회,

323-346.

- 이지영(2012), 「『孝經諺解』 이본에 대한 비교 연구」, 『정신문화연구』 35(1), 한국학중앙연구원, 87-114.
- 이준환(2021), 「『單語連語 日話朝雋(1895)』에서 보이는 조선인의 일본어, 일본 및 외부 세계 관련 기술과 인식」, 『어문논집』 92, 민족어문학회, 69-104면.
- 임성래(2007), 「하버드대학 옌칭도서관본 〈별춘향전〉에 대하여 -안성판 20장본과 완판 29장본의 비교를 중심으로-」, 『열상고전연구』 26, 열상고전연구회, 319-345.
- 임치균(2001), 『고전소설의 기초연구』, 태학사
- 정근식(2007), 「구한말 일본인의 조선어 교육과 통역경찰의 형성」, 『한국문학연구』 32, 동국대학교 한국문화연구소. 7-55.
- 정병설(2001), 「朝鮮後期 東아시아 語文交流의 한 斷面-東京大 所藏 한글 飜譯本 『玉嬌梨』를 中心으로-」, 『韓國文化』 27, 서울대 한국문화연구소, 55-84면.
- 정병설(2016), 『조선시대 소설의 생산과 유통』, 서울대학교출판문화원.
- 정승혜(2006a), 「日本에서의 韓語 敎育과 敎材에 대한 槪觀」, 『二重言語學』 30, 이중언어학회, 335-353.
- 정승혜(2006b), 「對馬島의 韓語敎育」, 『語文硏究』 130, 韓國語文敎育硏究會, 37-56면.
- 정승혜(2012), 「한글간찰을 통해 본 근세 역관의 대일외교에 대하여」, 『大東漢文學』 37, 대동한문학회, 89-124.
- 정승혜(2020), 「『通文館志』와 司譯院 四學」, 『진단학보』 134, 진단학회, 363-403.
- 정승혜(2023), 「구한말 육군 통역 고이즈미 데이조(小泉貞造)의 한어(韓語) 학습 과정과 교재 - 하버드옌칭도서관 소장본을 중심으로-」, 『국어사연구』 37. 국어사학회, 89-154.
- 제점숙(2013), 「구한말 부산지역 조선어, 일본어 교육의 전개 - 이문화 '장(場)'으로서의 교육 공간-」, 『일본근대학연구』 제39집, 193-214
- 조미은(2011), 「개항~일제강점 초기 경성의 재조선 일본인 교육기관과 경성학교조합 설립」, 『서울과 역사』 79. 157-208
- 조선중앙경제회 편(1922), 『경성시민명감(京城市民名鑑)』, 경성: 조선중앙경제회.
- 허경진(2001), 「고소설 필사자 하시모토 쇼요시의 행적」, 『동방학지』 112, 연세대학교 국학연구원, 1-40.

- 허경진(2003),『하버드대학 옌칭도서관〈한국고서들〉』, 웅진북스.
- 허경진·박은애(2009),「『한어유취(韓語類聚)』의 구성 및 특성 연구」,『한국민요학』27, 283-304

- CHA Chung-Hwan(2013), Japanese Learning of Korean Culture through Korean Classical Novels, KOREA JOURNAL(SUMMER), 155-180

- 伊藤英人(1999),「일본에서의 한국어 교육 방법-동경외국어대학의 경우-」,『국어교육연구』6, 서울대학교 국어교육연구소, 37-49.
- 伊藤英人(2003),「일본에 있어서의 한국어 교육사 및 대학원에 있어서의 한국어학 교육현황-동경외국어대학의 경우-」,『세계 속의 한국학』, 국제교육진흥원, 90-94.
- 田代和生(1982),「對馬藩과 왜관무역」,『朝鮮通信使』, 東湖書館.
- 松原孝俊·趙眞璟(1997),「嚴原語學書と釜山草梁語學所の沿革をめぐって-明治初期の朝鮮語教育を中心として-」,『言語文化論究』8, 九州大學言語文化部.
- 趙眞璟·松原孝俊(2004),「日本最初の外國語學校『對馬藩 韓語司』」, 嶋村初吉 編 (2004),『對馬新考』福岡:梓書院.
- 泉澄一(1997),『對馬藩藩儒 雨森芳洲の基礎的研究』, 關西大學出版部.

인터넷 URL

- 〈경향신문〉2009.08.12.일자 경향닷컴 이윤정 기자 및〈나주 영산포 홍어거리의 영산포역사갤러리〉https://ncms.nculture.org/story-of-our-hometown/story/976 참조)
- 〈국립중앙도서관〉대한민국 신문 아카이브
- https://www.nl.go.kr/newspaper/
- 〈벅스뮤직〉https://music.bugs.co.kr/album/20442458?wl_ref=S_tr_01_01&fbclid=IwY2xjawFcmzFleHRuA2FlbQIxMAABHWd1jlTKZuDrEYBWLnvv3wY7UX1pYGkelrZHjFn7nLxQMSm-dR4g9HjohQ_aem_t5c1B0xWNeC8Qochd_rOrw
- 〈한겨레21〉2009-10-15 https://h21.hani.co.kr/arti/special/special_general/25913.

html
- 〈한국민족문화대백과사전〉 https://encykorea.aks.ac.kr
- 〈혼옥션〉 https://www.hanauction.com/

밀정密偵의 공부

ⓒ 정승혜

초판 1쇄 발행 2025년 12월 22일

지은이 Author | 정승혜 Chung Seunghye
펴낸이 Publisher | 김종필 Kim Jongphil
펴낸곳 Publishing Company | ㈜아트레이크 ARTLAKE
인쇄 | 재영피앤비
글 Writer | 정승혜 Chung Seunghye
기획·편집 PM·Editor | 정윤조 Jeong Yoonjo
디자인 Designer | 임지선 Lim Jisun
교정·교열 Proofreading | 정윤조 Jeong Yoonjo
마케팅 Marketer | 한보라 Han Bora

등록 제 2024-000075호 (2020년 8월 25일)
주소 서울특별시 마포구 월드컵북로 400, 5층 22호실 (상암동, 서울경제진흥원)
전화 (+82) 02 517 8116
홈페이지 www.artlake.co.kr
이메일 artlake73@naver.com

ISBN 979-11-94329-03-9

책값은 뒤표지에 적혀 있습니다.
파본은 본사나 구입하신 서점에서 교환하여 드립니다.